Maria-Regina Bottermann-Broj
Lothar Wächter
Unser Lied im fremden Land

Maria-Regina Bottermann-Broj
Lothar Wächter

Unser Lied im fremden Land

Impulse für Gottesdienste von Männern und Frauen, von Brüdern und Schwestern im Glauben

Verlag Butzon & Bercker Kevelaer

Die Deutsche Bibliothek – CIP-Einheitsaufnahme

Bottermann-Broj, Maria-Regina:
Unser Lied im fremden Land : Impulse für Gottesdienste von Männern und Frauen, von Brüdern und Schwestern im Glauben / Maria-Regina Bottermann-Broj ; Lothar Wächter. – Kevelaer : Butzon und Bercker, 1995
ISBN 3-7666-9902-4
NE: Wächter, Lothar:

ISBN 3-7666-9902-4

Umschlaggestaltung: Elisabeth von der Heiden, Geldern
Satz: Kontext – Satz & Layout, Leipzig

Vorwort

Seit fast vier Jahren sind wir als Theologin und als Priester, als Frau und Mann gemeinsam unterwegs innerhalb der Frauenseelsorge des Bistums Fulda. Dabei haben wir viele und vielfältige Erfahrungen machen dürfen. Von ihnen berichtet dieses Buch.
Bewußt haben wir das Bild „Die Heimkehr des verlorenen Sohnes" von Rembrandt van Rijn als Titelbild gewählt. Es zeigt in – mit Worten kaum zu beschreibender – eindrucksvoller Weise, wie Männer und Frauen in der Kirche miteinander umgehen könnten und sollten. Gott beugt sich über den Sohn, der zurückgekehrt ist. Seine Hände bilden die Hände von zwei Menschen ab: die eines Mannes und die einer Frau. Gestützt und gestärkt durch den liebenden Gott-Vater, von dem Papst Johannes Paul I. sagte, daß dieser genauso eine liebende Gott-Mutter sei, möchten wir Männer *und* Frauen einladen, *gemeinsam* nach Gottes Weg zu suchen.
In den vergangenen Jahren sind sehr viele Bücher zu frauenspezifischen Anliegen – auch in Fragen der liturgischen Gestaltung – entstanden. Das war gut, und das war wichtig, damit Frauen ihren Ort und Standpunkt in der Kirche (neu) finden können, haben sich doch bedauernswerterweise viele, zu viele, in den letzten Jahren von uns getrennt. Um so mehr halten wir es für wichtig und not-wendig, auch und gerade frauenspezifische Themen in die Feier der Liturgie *zusammen* mit Männern einzubringen.
Wir möchten so mithelfen, eine Kirche zu schaffen, die Männer und Frauen gemeinsam unter dem Anspruch Gottes sieht. Jesus sagte einmal: „Getrennt von mir könnt ihr nichts tun." So denken wir, daß kein Geschlecht unabhängig vom anderen seinen/ihren Weg in die Zukunft der Kirche finden oder gar gehen kann. „Wir sind des Herrn Geschwister, und niemand ist uns fern: ein Leib und viele Glieder in Christus, unserm Herrn" (vgl. Gotteslob, Nr. 640).
Unsere Modelle sind sehr einfach gestaltet. Von den einführenden Gedanken bis zur Schlußmeditation haben alle den gleichen Aufbau. Manche/r Leser/in, Benutzer/in des Buches mag dies als

Manko empfinden. Die Erfahrung unserer Zusammenarbeit hat jedoch gezeigt, daß gerade Frauen in besonderer Weise fähig sind, Liturgie „hautnah" zu gestalten. Selbstverständlich sind der „optischen Kreativität" keine Grenzen gesetzt (so wäre es z. B. beim Modell „Wir haben Profil" sehr anschaulich, einige Autoreifen aufzustellen). Wir waren der Meinung, auf solche „Regieanweisungen" verzichten zu können, weil wir hoffen und wissen, daß bei aufmerksamem Durchlesen der einzelnen Modelle die Gestaltungsideen schon „kommen".
Besonderen Wert legen wir auf die „Ansprache". Sie ist der Kern- und Mittelpunkt unserer Modelle. Hier *muß* es „sprudeln", hier muß die Botschaft „rüberkommen" zu den Menschen. Wir hoffen, daß uns dies einigermaßen gelungen ist.
Selbstverständlich kann jedes Modell auch als Wortgottesdienst gefeiert werden. Die Ansprachen können dann auch von Laien gehalten werden. Ebenso können die Lieder aus dem „Gotteslob" gegen neuere, rhythmische Lieder ausgetauscht werden. Viel Freude dabei!
Widmen möchten wir dieses Buch all jenen Frauen, die wir innerhalb unserer Tätigkeit in der Frauenseelsorge des Bistums Fulda kennen- und schätzen gelernt haben. Ihnen und uns war und ist es ein Anliegen, zur Fülle des Lebens vorzustoßen, wie Jesus sie uns verheißen hat. Wir können und wollen dies nicht ohne die Männer tun, weil wir uns gemeinsam auf den Weg machen wollen zu einer Kirche, die in Wahrheit und Wahrhaftigkeit geschwisterlich ist: „Damit alle eins sind" (vgl. Joh 17,11).

Maria-Regina Bottermann-Broj
Lothar Wächter

Inhalt

Abkürzungen

P: Priester
L: Lektor/in
V: Vorbeter/in
A: Alle

„Sonne der Gerechtigkeit, brich in deiner Kirche an“

Auf dem Weg zu einer geschwisterlichen Kirche

Einführende Gedanken

Wir sind in dieser Eucharistiefeier miteinander auf dem Weg,
mit unserer unterschiedlichen Herkunft,
als Frauen und Männer,
aus verschiedenen Gemeinden.

Wir hören auf die Stimme Jesu Christi.
Wir lassen uns einnehmen für seine Hoffnung.
Mit ihm wollen wir das Naheliegende tun, wenn wir beten.
Mit ihm wollen wir überwinden, „was viele Jahre so ging".
Mit ihm wollen wir das Lied des neuen Lebens anstimmen.

Für den Weg, den wir in dieser Eucharistiefeier miteinander gehen,
und für die Gemeinschaft, die wir teilen,
bitten wir um Gottes Geist:
Er läßt uns Enttäuschungen überwinden.
Er führt uns über zaghafte Ansätze hinaus in seine Weite.
Er läßt uns neue Horizonte entdecken.

In unseren Herzen tragen wir die Gewißheit,
daß wir Söhne und Töchter des einen Vaters sind.
Das läßt uns eintreten für eine geschwisterliche Kirche.

Kyrie

Jesus Christus ist der Weg, die Wahrheit und das Leben. Wir bitten um sein Erbarmen:

- Herr Jesus Christus, du bist unser Weg, der Weg der Frauen und Männer in eine gemeinsame Zukunft. Du rufst uns, dir auf deinem Weg zu folgen.

Herr, erbarme dich.

- Herr Jesus Christus, du bist die Wahrheit, die Wahrheit über den Menschen, über Mann und Frau: Wir sind Töchter und Söhne deines Vaters. Wir sind deine Schwestern und Brüder. Du willst, daß wir in Liebe und Partnerschaft miteinander leben.

Christus, erbarme dich.

- Herr Jesus Christus, du bist das Leben. Du willst, daß wir in dir das Leben haben und es in Fülle haben – Frauen und Männer. Du schenkst uns das Leben in Liebe, Gemeinschaft und Vielfalt.

Herr, erbarme dich.

Der allmächtige Gott erbarme sich unser. Er lasse uns unsere Sünden nach. Er stärke unseren Glauben und unsere Hoffnung. Er führe uns alle zum ewigen Leben.
Amen.

Oration (Meßbuch, S. 315, Nr. 29)

Gott. In Jesus von Nazaret hast du der Welt den neuen Menschen gegeben. Wir danken dir, daß wir ihn kennen dürfen; daß sein Wort und Beispiel in dieser Stunde unter uns lebendig wird. Öffne uns für seine Gegenwart. Rühre uns an mit seinem Geist. Mach durch ihn auch uns zu neuen Menschen. Darum bitten wir durch ihn, Jesus Christus.

Evangelium (Lk 13,10–17)

In jener Zeit lehrte Jesus am Sabbat in einer Synagoge. Dort saß eine Frau, die seit achtzehn Jahren krank war, weil sie von einem Dämon geplagt wurde; ihr Rücken war verkrümmt, und sie konnte nicht mehr aufrecht gehen. Als Jesus sie sah, rief er sie zu sich und sagte: Frau, du bist von deinem Leiden erlöst. Und er legte ihr die Hände auf. Im gleichen Augenblick richtete sie sich auf und pries Gott. Der Synagogenvorsteher aber war empört darüber, daß Jesus am Sabbat heilte, und sagte zu den Leuten: Sechs Tage sind zum Arbeiten da. Kommt also an diesen Tagen und laßt euch heilen, nicht am Sabbat! Der Herr erwiderte ihm: Ihr Heuchler! Bindet nicht jeder von euch am Sabbat seinen Ochsen oder Esel von der Krippe los und führt ihn zur Tränke? Diese Tochter Abrahams aber, die der Satan schon seit achtzehn Jahren gefesselt hielt, sollte am Sabbat nicht davon befreit werden dürfen? Durch diese Worte wurden alle seine Gegner beschämt; das ganze Volk aber freute sich über all die großen Taten, die er vollbrachte.

Ansprache

„Hören Sie mich?"
Die meisten von Ihnen werden das wohl bejahen können. „Verstehen Sie mich auch?" Da werden vielleicht einige mit der Antwort ins Stocken kommen, denn Verstehen meint doch wohl mehr als nur Hören. Als ich einmal zu Beginn einer Predigt so fragte, rief eine Frau mir zu: „Na, das werden wir sehen!" Das sollte wohl soviel heißen wie: „Ja, da müßte ich erst einmal hören, was du sagst, dann kann ich sagen, ob ich dich verstehe."
„Verstehen" ist oftmals schwer, eben weil es in einem offenen Sehen und Hören gründen muß, weil es die Fähigkeit des einfühlenden Sehens und Hörens voraussetzt. Wenn diese Wurzel fehlt, sind wir in der Gefahr, nur „über" etwas zu sprechen: „über" die Frauen in der Kirche, „über" die Bischöfe und Priester, „über" eine geschwisterliche Kirche, „über" Gott sogar. Da ist mancher versucht, das mit den Worten zu kommentieren: „Sie sehen nichts; sie hören nichts; aber reden tun sie doch!"

„Was stellen Sie sich unter dem Thema ‚Auf dem Weg zu einer geschwisterlichen Kirche‘ vor?“, so fragte ich mehrfach Männer und Frauen. Ein theologisch geschulter Mann antwortete mir: „Geschwisterliche Kirche, das sind wir doch schon!“ Er wollte mich damit etwas provozieren, denn theologisch hatte er durchaus richtig gedacht. Schließlich beten wir vor dem Vaterunser: „Wir haben den Geist empfangen, der uns zu Kindern Gottes macht. Darum dürfen wir gemeinsam beten: Vater unser ...“ In der Taufe sind wir einander in diesem Sinn zu Schwestern und Brüdern geworden, die in Gott den gemeinsamen Vater und die Mutter erkennen. Theologisch wissen wir, daß der, der den Willen Gottes tut, gleichsam zur Verwandtschaft Jesu gehört. Der theologisch geschulte Mann gab zu, daß er das provozierend gesagt habe; denn im tatsächlichen Leben der Kirche abzubilden, was wir als Geschwister vor Gott sind, davon seien wir schon noch ein ganzes Stück entfernt.
Ich hörte in diesen Gesprächen sehr stark die Krümmungen heraus, die besonders Frauen in der Kirche spüren. Ich erinnere mich an Aussagen wie:
– „Ja, für das Kirchenputzen, das Kirchenschmücken, den Blumenschmuck zu erstellen, den Kaffee zu kochen, da sind wir gut, da müssen wir uns bücken!“
– Auf Verkrümmungen in der Sprache der Kirche wurde ich aufmerksam gemacht: wo zwar die Brüder, aber nicht die Schwestern benannt werden,
– Verkrümmungen da, wo das Mittun der Frauen in den Gemeinden von dem Wohlwollen der Pfarrer abhängt und nicht zu einem selbstverständlichen Tun wird, das sich aus der uns allen geschenkten gleichen Christenwürde ergibt.
Damit möchte ich keineswegs das Wort für eine „spirituelle Überhöhung“ des Gekrümmtseins von Frauen auch in unserer Kirche reden. Nein, worum es mir geht, ist: die Weisheit der Unterscheidung zwischen den Verkrümmungen, dem Sich-Bükken, das Not schafft und nicht wendet und von dem Jesus wieder aufrichten will, und dem, was Mann und Frau als notwendend, als Leben ermöglichend und stärkend annehmen sollen, um Gott von Angesicht zu Angesicht zu erkennen, um sein wahres Bild im Abbild des je eigenen Lebens zu verkünden.
Hier könnten wahrscheinlich viele mit ihrer Lebensmelodie, mit

ihrem Lebensmagnifikat zu Wort kommen und dabei auch von den Verkrümmungen ihres Lebens gleichsam ein Lied singen.
Das, was ich mir und Ihnen wünsche: einen Lebensraum, auch in der Kirche, in dem aufgerichtetes Leben möglich bleibt und gekrümmtes Leben aufgerichtet wird. Wie solcher Raum in der Kirche gestaltet sein sollte, auch gerade im Blick auf die Gestaltung des Lebens von Mann und Frau in der Kirche, möchte ich Ihnen zum Abschluß in einem Bild sagen. Ich möchte Sie damit einladen, einen Traum mit mir zu träumen, im Vertrauen auf die größeren Möglichkeiten Gottes. Dann sind solche Träume nicht nur Schäume, sondern der Beginn einer neuen Wirklichkeit des Lebens von Mann und Frau in der Kirche. Das Bild stellt eine Plastik des französischen Bildhauers Auguste Rodin dar. Es bringt ein innerstes Lebensprinzip unserer Kirche wunderbar zum Ausdruck, das doch darin besteht (oder müßte man nicht zum Teil sagen: bestehen sollte), daß unser Einander-Begegnen so von seinem Geist erfüllt ist, daß wir einander nicht stutzen, sondern stützen, daß gleichsam im Einander-Verstehen ein Stehen ermöglicht wird, in dem die uns gleichgeschenkte Würde zum Ausdruck kommt.
Rodin gab seiner Plastik den bezeichnenden Namen „Kathedrale“. Sie sehen, es sind zwei Hände dargestellt: die Hand einer Frau und die eines Mannes, die, sich an den Fingerspitzen berührend, eine Art gotisches Gewölbe bilden (eine Zärtlichkeit, die nicht brutal krümmt).
Dieses aus lebendigen Steinen erbaute Gewölbe nennt Rodin „Kathedrale“. Für mich ist darin gesagt: Wo sich liebende, sich gegenseitig stützende Menschen, Männer und Frauen, in aller Gleichwertigkeit um Gott versammeln, wo sie für seinen Geist offen sind, da sind sie zutiefst durchpulst und getragen von Gott selbst: Da wohnt Gott mitten unter ihnen.
Diese Plastik macht zeichenhaft deutlich: Nicht allein die Hand eines Mannes baut solche lebendige Kathedralen, sondern ebenso und gleichwertig die der Frau. Würde die Hand der Frau fehlen, wäre es eine Ruine, griffen alle Bemühungen, lebendige Kathedralen zu bauen, ins Leere. Nicht nur das Reden von einer „Männerkirche“, sondern auch der bloße Versuch, sie so zu gestalten, ist deshalb absurd. Es widerspricht dem innersten Lebensprinzip von Kirche. Wir können und könnten zusammen eine solche lebendi-

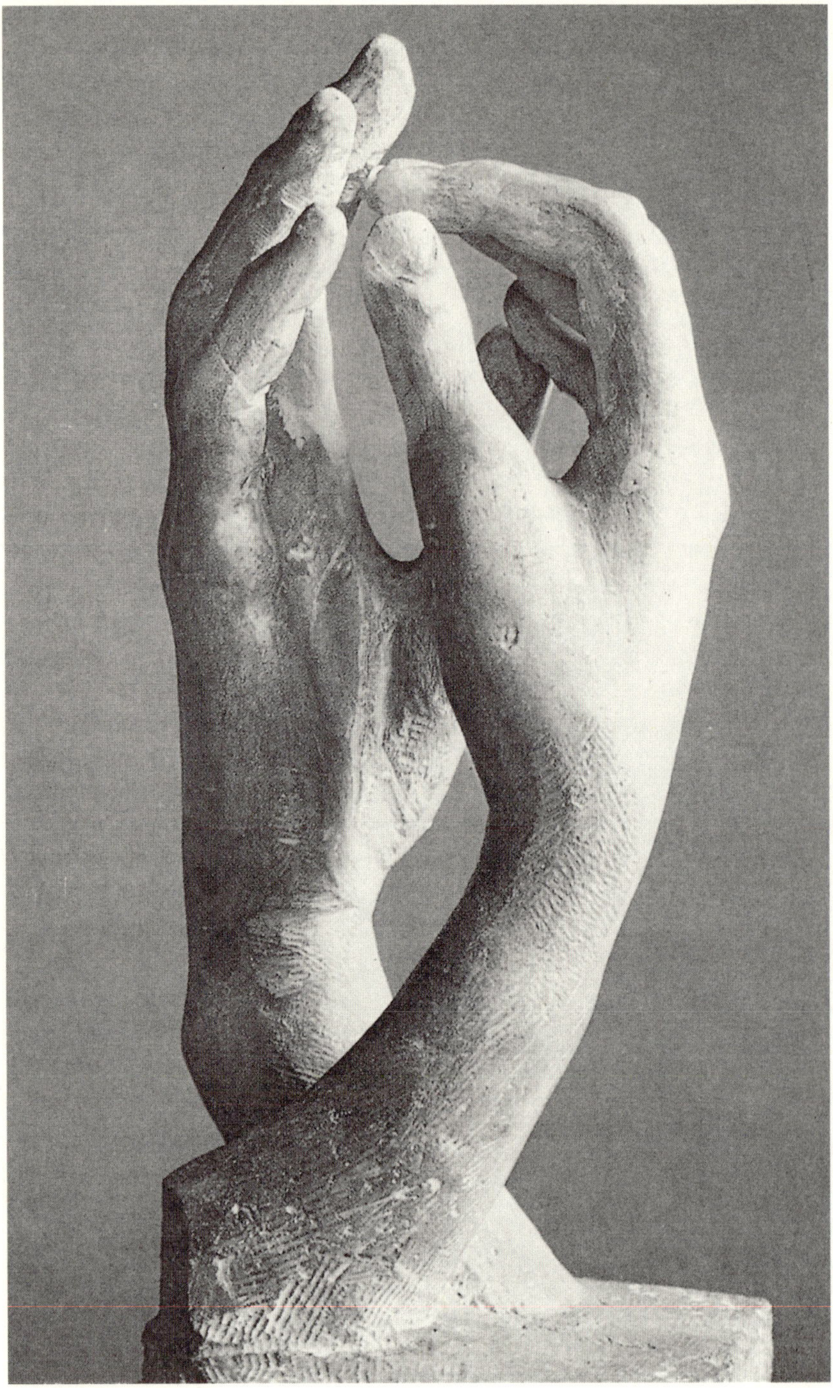

ge Kathedrale des Glaubens bauen, jede und jeder mit seinen Fähigkeiten und Möglichkeiten, als Mann und Frau gleichwertig.
Wo das geschieht, ohne Verkrampfung und ohne ängstliches Klammern an irgendwelche Vorherrschaft, Macht und menschliche Gesetzesnormen, da ist ganz von selbst Raum da, in dem wir uns aufrichten können und einander aufrichten, da ist ganz von selbst der Raum da, wo wir uns als „lebendige Steine" zu einem geistigen Haus aufbauen lassen, wie es im Ersten Brief des Petrus als Einladung ausgesprochen ist. Sicher: das ist ein ganzes Stück weit noch ein Traum, noch nicht erreicht. Es sind noch Verkrümmungen da, die nicht einfach weggebetet werden können.
Dennoch: Zum einen vertraue ich darauf, daß Gott die größeren Möglichkeiten hat, mit denen er unsere Verkrampfungen und Verkrümmungen lösen kann. Gott hat die größeren Möglichkeiten, mit denen er zugleich Steine von den Gräbern unseres Lebens wegzuwälzen vermag. Darin steckt für mich Verheißung, daß Träume nicht nur Schäume bleiben.
Und zum anderen: Nicht die sind zu bedauern, die träumen, sondern die, die keine Träume mehr haben. Solange wir die Fähigkeit haben zu träumen, bleiben wir – bei allen noch vorhandenen Krümmungen – offen für Jesu Anspruch, ihm zu folgen, heraus aus allen Gräbern des Lebens hin zu aufgerichtetem Leben.

Fürbittendes Gebet

P: Gott, unser Vater, in deinem Sohn hast du uns den Weg gezeigt, der allein zu dir und zu den Menschen führt. In einer Zeit, in der sich die Menschen immer fremder werden, kommen wir mit unseren Anliegen zu dir.

L: Mann *und* Frau sollen ihre Gaben in das Leben der Kirche einbringen und partnerschaftlich Verantwortung in der Heilssorge der Kirche übernehmen.
Gott, erwecke in unseren Männern und Frauen, besonders auch in allen, die in unserer Kirche Amt und Verantwortung tragen, Verständnis füreinander. Gib ihnen Mut, sich der Herausforderung unserer Zeit zu stellen und neue Wege zu gehen.
A: Wir bitten dich, erhöre uns.

L: Mann *und* Frau sind durch das Ehesakrament in gleicher Weise berufen und befähigt, für die religiöse Erziehung ihrer Kinder Sorge zu tragen. Diese Aufgabe fordert von uns heute mehr eigene Glaubenskraft und persönliche Glaubensaussage.
Gott, sei du die Mitte unserer Familien. Vertiefe und stärke den Glauben der Väter und Mütter, und laß sie gemeinsam Vorbild für ihre Kinder sein.
A: Wir bitten dich, erhöre uns.

L: Frauen erkennen heute stärker ihren eigenen Wert, sie sind auch als Alleinstehende und Alleinerziehende selbstbewußter geworden. Frauen wollen in Berufswelt und Politik volle Verantwortung mittragen für die Zukunft einer menschlicheren Welt.
Gott, schütze die Frauen, wenn traditionelles Denken, Vorurteile und zu wenig Zutrauen sich als Widerstände gegen sie erheben. Laß Männer und Frauen in *allen* Bereichen des Lebens nicht gegeneinander, sondern miteinander arbeiten.
A: Wir bitten dich, erhöre uns.

L: Während wir uns um das rechte Verständnis von Mann und Frau mühen, wird das Bild des Menschen in allen Teilen der Welt auf grausame Weise zerstört.
Gott, hilf den Unterdrückten im Einsatz gegen das Böse. Mildere das Leid all der Frauen, deren Partner in die Gefängnisse gestoßen werden, deren Kinder am Hunger sterben, deren persönliches Leid unendlich groß ist, weil sie Folterungen und Schändung erleben müssen. Mache Männer und Frauen bereit, sich mit aller Kraft für den Frieden in der Welt einzusetzen.
A: Wir bitten dich, erhöre uns.

P: Gott, höre unser gemeinsames Beten, das wir nun mit den Gaben von Brot und Wein zum Altar tragen, damit uns allen Heil werde durch Christus, unseren Herrn.
A: Amen.

Gabengebet (Meßbuch, S. 349, Nr. 6)

Herr, unser Gott, die Gaben, die wir bereitet haben, sind Zeichen unserer Hingabe an dich. Darum bitten wir: Wie Brot und Wein in der Kraft des Geistes geheiligt werden, so heilige auch uns selbst immer mehr nach dem Bilde unseres Herrn Jesus Christus, der mit dir lebt und herrscht in alle Ewigkeit.

Schlußgebet (Meßbuch, S. 1083)

Barmherziger Gott, wir haben von dem einen Brot gegessen, das uns himmlisches Leben schenkt. Erfülle uns mit dem Geist deiner Liebe und laß uns eins werden in Gesinnung und Tat. Darum bitten wir durch Christus, unseren Herrn.

Sendung und Segen

Laßt uns gehen in die Zeit, die vor uns liegt, mit dem Segen Gottes. Gott möge bei uns bleiben auf unseren Wegen durch die Tage, dann sind es Wege, die uns als Bruder und Schwester zum Vater führen. Laßt uns stark sein in der Liebe, die niemanden übersieht, in der Hoffnung, die sich nicht beirren läßt, in der Phantasie, die keine Grenzen kennt. Gott lasse uns einander als Mann und Frau, als Bruder und Schwester zum Segen werden.

Lieder aus dem „Gotteslob"

„Sonne der Gerechtigkeit" (Nr. 644)
„Eine große Stadt ersteht" (Nr. 642)
„Herr, unser Herr, wie bist du zugegen" (Nr. 298)
„Dank sei dir, Vater" (Nr. 634)
„Singet dem Herrn ein neues Lied" (Nr. 273)

„Eine große Stadt ersteht, die vom Himmel niedergeht“

Ein Lied für unsere Kirche

Einführende Gedanken

„Bleib so, wie du bist!“, so wird mir manchmal anläßlich meines Geburtstages als Wunsch gesagt.
„Es ist mir lieber, wenn alles beim alten bleibt“, sagen mir manchmal Menschen im Blick auf beabsichtigte Veränderungen und Wandlungen.
Das sind nicht immer gute Wünsche. Denn letztlich bedeutet dies Stillstand. Notwendige und auch not-wendende Wandlungen würden – auch manchmal aus Bequemlichkeit – nicht vollzogen.
„Wer alles beim alten lassen will, sollte nicht zum Heiligen Geist beten.“ Dieses etwas provozierende Wort von Bernhard Langenstein erinnert mich daran: Wenn ich ehrlich um den Geist Gottes bitte, dann sollte ich offen sein dafür, daß nicht alles beim alten bleibt, sondern sein Geist neues Leben schaffen will.
Mit solcher Offenheit beginnen wir ein Lied für unsere Kirche zu singen, die als eine immer wieder zu erneuernde Gemeinschaft (ecclesia semper reformanda) nicht nur gelehrt, sondern vielmehr in jeder und jedem von uns gelebt sein will.

Versuchen wir uns auf die „Melodie Gottes“ einzustimmen. Sein Wort und sein Geist der Vergebung möchten unsere Schritte wandeln zu einem neuen Frieden mit ihm und untereinander.

Kyrie

Herr Jesus Christus, Bequemlichkeit und Angst hindern uns oft daran, notwendige Änderungen in unserem Leben zu tun.
Herr, erbarme dich.

Herr Jesus Christus, du hast Menschen Mut gemacht, sich auf neue Wege in deiner Nachfolge einzulassen.
Christus, erbarme dich.

Herr Jesus Christus, dein Geist schafft neues Leben.
Herr, erbarme dich.

Oration (Meßbuch, S. 1018)

Gott und Vater unseres Herrn Jesus Christus, im Neuen Bund berufst du Menschen aus allen Völkern und führst sie im Heiligen Geist zur Einheit zusammen. Gib, daß deine Kirche ihrer Sendung treu bleibt, daß sie ein Sauerteig ist für die Menschheit, die du in Christus erneuern und zu einer Familie umgestalten willst. Darum bitten wir durch Jesus Christus.

Evangelium (Mt 28,16–20)

In jener Zeit gingen die elf Jünger nach Galiläa auf den Berg, den Jesus ihnen genannt hatte. Und als sie Jesus sahen, fielen sie vor ihm nieder. Einige aber hatten Zweifel. Da trat Jesus auf sie zu und sagte zu ihnen: Mir ist alle Macht gegeben im Himmel und auf der Erde. Darum geht zu allen Völkern, und macht alle Menschen zu meinen Jüngern; tauft sie auf den Namen des Vaters und des Sohnes und des Heiligen Geistes, und lehrt sie, alles zu befolgen, was ich euch geboten habe. Seid gewiß: Ich bin bei euch alle Tage bis zum Ende der Welt.

Ansprache

Neulich las ich einen Text des Theologen Jürgen Moltmann. Darin fand ich den Satz: „Wer die Wirklichkeit der Kirche sieht, beginnt, an ihr zu leiden." Diese Worte haben mich getroffen und betroffen gemacht. Tatsächlich gibt es in der heutigen Kirche viel Unbehagen, wie es scheint, und dies nicht nur bei den Fernstehenden, sondern auch bei den Engagierten, bei denen, die dazugehören und mittun. Wer heute in und mit der Kirche zu leben versucht, sieht sich in ein Spannungsfeld vielfältiger Konflikte gestellt. Dies kann und darf nicht geleugnet werden. Die Bandbreite der Meinungen und der Deutungen von Glaubensaussagen ist größer geworden. Die Kontrolle des kirchlichen Lehramtes bezüglich der theologischen Forschung ist nicht mehr so engmaschig. Magazine und Illustrierte bereiten theologische Streitfragen volkstümlich auf.

Nicht wenige fragen, ob diese Kirche überhaupt noch eine Zukunft hat. Andere formulieren noch radikaler: Die Kirche habe ihren Auftrag verraten. Ihr Recht zu bestehen habe sie verwirkt. In ihren Strukturen sei sie verfestigt. In die gesellschaftlichen Systeme sei sie zu sehr verstrickt. Ängstlich hüte sie das Vergangene. Impulse für die Zukunft seien nicht erkennbar. Sie sei sich selbst ein Hemmschuh für mutige, zukunftsweisende Entwicklungen.

Es gibt aktive Kirchenchristen, die so tun, als gäbe es diese Konfliktbereiche nicht. Ihre Glaubensgewißheit scheint durch neue Erfahrungen nicht zu gefährden zu sein. In Zeiten intensiver individueller Krisensituationen bricht diese (Schein-)Sicherheit jedoch häufig zusammen.

Für eine andere Gruppe bedeuten die Konflikte, krank zu werden am Leib Christi. Sie sieht nicht nur die kirchliche Einheit gefährdet, sondern den Glauben selbst. Dem Wandlungsprozeß in Theologie und Liturgie nach dem Zweiten Vatikanischen Konzil steht sie vorsichtig-abwartend bis aggressiv-ablehnend gegenüber. Auch diese Gruppe macht sich kaum die Mühe, die Auseinandersetzung mit den geistigen Strömungen unseres Jahrhunderts aufzunehmen, sondern sieht durch sie ihre durch die Tradition geheiligten Glaubensinhalte gefährdet. Eine derartige Gefährdung ist nicht zu leugnen. Tatsache ist aber, daß die Kirche in ihren

Gliedern in eben diese Zeitströmungen hineingestellt ist. Will sie Alternativen entwickeln, muß sie sich mit diesen auseinandersetzen. Leicht besteht in dieser Gruppe die Gefahr der Gettoisierung der Kirche, um sie so vor den genannten Strömungen abzuschirmen. Dies mag ehrenhaft erscheinen, ist aber letztendlich Illusion. Denn die Kirche hat ja auch und gerade eine Sendung in eben diese Welt, so wie sie ist. Integration und Harmonie aber sind nur zu erreichen, wenn die Konfliktpartner miteinander im Gespräch bleiben und die Auseinandersetzung wagen. Erneuerung umfaßt nämlich die stets neu aufgetragene Konfrontation mit der Wirklichkeit.
Eine dritte Gruppe schweigt nicht zu all dem, was ist. Sie sucht die Auseinandersetzung. Überkommenes und Neuerfahrenes sollen zu einer Einheit gebracht werden, wobei beides dem kritischen Überdenken unterworfen wird. Diese Gruppe kann sehr unbequem sein. Dennoch – sie ist wichtig für das Leben der Kirche. Sie verhindert, daß wir uns endgültig festlegen und nicht weiterkommen, daß Spannungen untergründig bleiben und weiterarbeiten, aus der Kontrolle geraten und Feinde schaffen.
Krisen gab es mehrfach in der Geschichte der Kirche. Oft genug wurde sie sogar totgesagt. Immer wieder wurden Leichenreden auf die Kirche gehalten. Immer wieder bahnten sich dann aber auch nicht vorhersehbare Erneuerungen an. Aus ihnen ging die Kirche zwar manchmal bescheidener, dafür aber innerlich reicher und mit neuer, erstarkter Gestalt hervor.
Deshalb sind Konflikte, wie sie sich in der Kirche ergeben, des Fragens würdig. Nur so können diese menschenwürdig und sachgerecht gelöst werden. Nur so kann ein Wandel eingeleitet werden, der das Weiterbestehen kirchlicher Sendung garantiert. Von woher soll denn eine Erneuerung der Kirche kommen, wenn nicht von ihr selbst? Von woher können wir neue Impulse erwarten?
Unter den Kräften der Tradition wie auch der Gegenwart gibt es nichts Überzeugenderes als die Person Jesus Christus. Seine Botschaft von der Liebe, gedeckt durch den eigenen rückhaltlosen Einsatz für die Menschen, führte zum Konflikt mit den geistlichen und weltlichen Mächten seiner Zeit und Gesellschaft. Diese forderten seinen Tod. Trotz des augenscheinlichen Scheiterns fühlten sich einige veranlaßt, bei ihm zu bleiben. So bildete

sich eine Gemeinschaft heraus, die von Jesus überzeugt war, die glaubte, daß er die Zukunft ist. Sie war derart von Jesu Person ergriffen, daß sie bereit war, seine „Sache" weiterzutragen, im Vertrauen, die Zukunft gehört ihm.

Der Glaube an Gott ist eine geschichtlich gewachsene Größe. Deshalb muß auch der Christ sein Selbstverständnis geschichtlich sehen. Er kann weder sein geschichtliches Werden noch das geschichtliche Werden der Kirche leugnen. Er kann und darf aber auch nicht seine Erfahrungen in einer veränderten Zeit übersehen. Nur die Verarbeitung der Wirklichkeit kann zur Erneuerung führen. Eine solche Erneuerung ist dann nicht unbedachte Rückkehr in die Vergangenheit, sondern Ausgriff nach der Zukunft.

Was kirchlich ist und als solches zu gelten hat, ergibt sich aus dem offenen, freien, verantwortlichen Dialog. Die „Sicherung" muß dabei Jesus Christus, der Herr der Kirche, sein und bleiben. Er kann nicht durch menschliche Weisheit und Kraft verdrängt und ersetzt werden.

So wird die Kirche zu einer Gemeinschaft, die das unbedingte Interesse hat, den Glauben an Gott unter den Menschen wachzuhalten. Das hat zur Folge, daß sie einwandern muß in die Strukturen der Welt, um durch ihre Einstellung zum Leben Veränderungen lebbar zu gestalten. Christlicher Glaube macht sehr empfindsam gegen Unrecht, wo immer es geschieht. Er gibt sich nicht zufrieden mit einer Situation, so wie sie ist. Er fragt vielmehr danach, was eigentlich sein könnte, ja, sein müßte. Er stellt eine Herausforderung dar für jeden, sich an der Verbesserung der Welt zu beteiligen.

Kirche – das sind Menschen, die nicht nur von Veränderung reden. Sie steigen selbst in die Veränderung ein. Christus veränderte, vermenschlichte seine Zeit durch seine Liebe. Er konnte dies, weil er auf die Macht der göttlichen Zukunft vertraute, jenseits aller menschlichen Möglichkeiten. Nur weil es eine solche Macht gibt, die alle festgefahrenen Fronten aufbrechen kann, ist es möglich, sich voll Hoffnung immer wieder auf den Dienst in und für diese Kirche einzulassen, wissend, die Liebe siegt. Der Geist der Kirche muß der Geist Jesu sein und bleiben als die Macht der Zukunft. Eine Kirche, die so handelt und verkündet, findet immer wieder den Mut, an ihrer Sendung nicht irre zu werden.

Fürbittendes Gebet

P: Guter Gott, wir träumen mit dir unsere Zukunft, die Zeit des Friedens. Mit beiden Beinen auf der Erde geben wir die Hoffnung nicht auf. Vor dir, Gott, sind unsere Träume und Hoffnungen bunter als unsere Ängste. Atme du in uns, und wir werden das Antlitz der Erde verändern.

L: Laßt uns bitten für die Frauen und Männer, die in der Kirche ein Amt innehaben, in dem sie Menschen Wege weisen und begleiten.
A: Herr, erbarme dich.

L: Laßt uns bitten für die Frauen und Männer, die in der Politik Verantwortung übernommen haben.
A: Herr, erbarme dich.

L: Laßt uns bitten für die Frauen und Männer, die sich gegen Unrecht und Unmenschlichkeit wehren.
A: Herr, erbarme dich.

L: Laßt uns bitten für die Frauen und Männer, die im ehemaligen Jugoslawien und an anderen Orten dieser Erde nach Wegen des Friedens und der Gerechtigkeit suchen.
A: Herr, erbarme dich.

L: Laßt uns bitten für die Frauen und Männer, die mutig und oftmals unter Tränen die Botschaft vom Friedensreich Gottes verkünden.
A: Herr, erbarme dich.

L: Laßt uns bitten für die Frauen und Männer, die im Einsatz für deine Botschaft des Friedens und der Gerechtigkeit ihr Leben in deine Hand gegeben haben.
A: Herr, erbarme dich.

P: Gütiger Vater, in deinem Sohn Jesus Christus hast du unserem Leben die Richtung und das Ziel gegeben. Begleite uns auf unserem Weg durch Christus, unseren Herrn.
A: Amen.

Gabengebet (Meßbuch, S. 1017)

Barmherziger Gott, sieh gnädig auf die Gaben deiner Kirche und mache deine Gläubigen durch das heilige Sakrament immer mehr zu dem, was sie durch deine Berufung sind: ein auserwähltes Geschlecht, eine königliche Priesterschaft, ein heiliger Stamm, ein Volk, das dir gehört. Darum bitten wir durch Christus, unseren Herrn.

Schlußgebet (Meßbuch, S. 526, Nr. 4)

Allmächtiger Gott und Vater, du hast deinen gekreuzigten Sohn auferweckt und ihm, dem Lebendigen, die Macht des lebenspendenden Geistes gegeben. Nimm dich deiner Kirche an, o Herr, und erneuere ihre Jugend. Laß sie aufleben durch den Geist, dessen Zeichen das Feuer ist. Darum bitten wir durch Christus, unseren Herrn.

Meditation

von einer kirche
träumen
die brot hat
für hungrige
wasser
für dürstende
eine offene hand
für gefallene
arme
für gestrauchelte
worte der zuversicht
für sprachlose
ohren für die
deren schrei
ungehört verhallt
im lärm
unserer zeit

von einer kirche
träumen
gebaut aus
lebendigen steinen
die durch ihren einsatz
himmel
          und
erde
          verbindet

Lieder aus dem „Gotteslob“

„Laßt uns loben, Christen, loben …
uns zu seinen Kindern zählt“ (Nr. 637)
„Nun singe Lob, du Christenheit“ (Nr. 638
– Strophe 3: „Er lasse uns Geschwister sein …“)
„Gott ruft sein Volk zusammen“ (Nr. 640
– Strophe 2: „Wir sind des Herrn Geschwister …“)
„Eine große Stadt ersteht“ (Nr. 642)
„Sonne der Gerechtigkeit“ (Nr. 644)

„Freund / Freundin, wo ist dein hochzeitliches Gewand?“

Die Einladung zum Festmahl

Einführende Gedanken

„Bitte nicht stören!“
Gelegentlich suchen wir uns so vor Unterbrechungen abzuschirmen. Es gibt störende und willkommene Unterbrechungen. Wo Gott unterbricht, da droht er nicht, da lädt er ein zu einem Fest. Er fragt gleichsam an: „Darf ich stören?“
Die Worte des heutigen Evangeliums lassen erfahren: Jeder der Eingeladenen hat etwas Besseres zu tun. Für den einen geht die Arbeit vor, für den anderen das Geschäft ...
Eine Einladung, die als störend empfunden wird, vor allem deshalb, weil sie als Störung der eigenen Lebensanschauung, des eigenen Lebensweges erfahren wird, denn in dieser Einladung steckt ja zugleich die Einladung: „Denke um! Kehre um!“

Der Blick auf das zum Teil „löchrige und zerrissene innere Gewand“, mit dem ich nun zu seinem Fest erscheine, läßt mir solches Umdenken und Umkehren bewußt werden. Mit der Bitte um das Wort seiner Vergebung drücken wir unsere Bereitschaft aus, den „neuen Menschen“ anzuziehen.

Kyrie

Herr Jesus Christus, wir sind zusammengekommen, um dein Erbarmen zu erbitten und Versöhnung zu erfahren. Vor dir bekennen wir unser Versagen.

– Du kennst nicht nur unsere gesprochenen, sondern auch die unterlassenen, die aus Feigheit, aus Trägheit oder aus Ablehnung verschwiegenen Worte.
Lasset zum Herrn uns beten: Herr, erbarme dich.

– Wie oft haben wir einen Trauernden ungetröstet, einen Hilflosen ohne Rat, einen Verleumdeten ohne Beistand gelassen. Du aber gehst auch denen nach, die wir gehen lassen, weil sie uns unbequem sind, und siehst auch da noch Gutes, wo wir längst mit Worten verurteilt haben.
Lasset zum Herrn uns beten: Christus, erbarme dich.

– Dein Vater hat jeden von uns geschaffen nach seinem Bild und Gleichnis. Seine Güte und Liebe umhüllt uns. Wie oft aber haben wir die uns anvertraute Sorge um den Mitmenschen nicht mitgetragen.
Lasset zum Herrn uns beten: Herr, erbarme dich.

Herr Jesus Christus, wo Menschen aus deiner Kraft und Liebe sprechen, da ist Gottes Reich, da ist das Leben ein blühender Garten, da ist ein Stück Himmel auf die Erde gekommen. Erbarme dich unserer Schwachheit, und schenke uns ein Stück von deinem Himmel auf unserer Erde.

Oration (Meßbuch, S. 310, Nr. 15)

Herr, unser Gott. Junge und alte Menschen, einfache und kluge, erfolgreiche und solche, die sich schwertun, hast du hier zusammengeführt als deine Gemeinde. Gib einem jeden etwas von deinem guten, heiligen Geist, damit wir dich und uns selbst und einander besser verstehen und vorankommen auf dem Weg, auf den du uns miteinander gestellt hast. Darum bitten wir durch Jesus Christus.

Evangelium (Mt 22,1–14)

In jener Zeit erzählte Jesus den Hohenpriestern und den Ältesten des Volkes das folgende Gleichnis: Mit dem Himmelreich ist es wie mit einem König, der die Hochzeit seines Sohnes vorbereitete. Er schickte seine Diener, um die eingeladenen Gäste zur Hochzeit rufen zu lassen. Sie aber wollten nicht kommen. Da schickte er noch einmal Diener und trug ihnen auf: Sagt den Eingeladenen: Mein Mahl ist fertig, die Ochsen und das Mastvieh sind geschlachtet, alles ist bereit. Kommt zur Hochzeit! Sie aber kümmerten sich nicht darum, sondern der eine ging auf seinen Acker, der andere in seinen Laden, wieder andere fielen über seine Diener her, mißhandelten sie und brachten sie um. Da wurde der König zornig; er schickte sein Heer, ließ die Mörder töten und ihre Stadt in Schutt und Asche legen. Dann sagte er zu seinen Dienern: Das Hochzeitsmahl ist vorbereitet, aber die Gäste waren es nicht wert, eingeladen zu werden. Geht also hinaus auf die Straßen und ladet alle, die ihr trefft, zur Hochzeit ein. Die Diener gingen auf die Straßen hinaus und holten alle zusammen, die sie trafen, Böse und Gute, und der Festsaal füllte sich mit Gästen. Als sie sich gesetzt hatten und der König eintrat, um sich die Gäste anzusehen, bemerkte er unter ihnen einen Mann, der kein Hochzeitsgewand anhatte. Er sagte zu ihm: Mein Freund, wie konntest du hier ohne Hochzeitsgewand erscheinen? Darauf wußte der Mann nichts zu sagen. Da befahl der König seinen Dienern: Bindet ihm Hände und Füße, und werft ihn hinaus in die äußerste Finsternis! Dort wird er heulen und mit den Zähnen knirschen. Denn viele sind gerufen, aber nur wenige auserwählt.

Ansprache

Erstaunlich, wie gut *wir* die Bilder, die Jesus seinen Zuhörern in Palästina vor fast 2000 Jahren vor Augen stellte, auch *heute noch* verstehen können. Im heutigen Evangelium begegnet uns der Alptraum eines Gastgebers oder einer Gastgeberin *schlechthin*. Alles ist fertig, vorbereitet für ein großes Fest, sogar für ein Hochzeitsfest, und keiner kommt; niemand folgt der Einladung. Unvorstellbar! Da haben sich Personal und Hausfrau tagelang

abgerackert: „Wer wird eingeladen? Was gibt es zu essen und zu trinken? Wer sitzt neben wem?“ Es folgen die Einkäufe, der große Hausputz, die tausend kleinen und großen Vorbereitungen in der Küche. Wer von uns kennt das nicht?! Wenn sich dann – am Ende der Vorbereitungen – die Gastgeber frischgemacht und umgezogen haben, bleibt die bange Frage: „Wird alles so gelingen, wie es geplant ist? Wird die Stimmung gut sein?“ Schließlich freut man sich – nach all den anstrengenden Vorbereitungen – auf ein schönes Fest mit Verwandten, Freunden und Bekannten.
Ja, und dann sagen all *die*, die geladen waren, ab. Die Enttäuschung, den Zorn und die Trauer der Einladenden kann wohl jeder von uns nachempfinden. Sogar zweimal wurde nach vornehmem orientalischem Brauch eingeladen. Trotzdem – niemand erscheint. Die Eingeladenen haben scheinbar Wichtigeres zu tun. Sie kommen der Einladung nicht nach. Schlimmer noch: sie mißhandeln sogar die Boten des Gastgebers und töten sie.
In diesem Evangelium erscheint uns Gott als König, der das Hochzeitsmahl für seinen Sohn ausrichtet. Dabei soll das Hochzeitsmahl nicht nur ein Bild für die Gemeinschaft sein, die Gott den Menschen anbietet, mehr noch: es meint *alles*, was Gott *zum Heil* bereitet hat. Gott – im Bild des Königs – sendet seine Boten aus; immer wieder neu läßt er durch sie die Einladung zum Hochzeitsmahl des Sohnes aussprechen, um mit ihm in Gemeinschaft zu treten. Und dann folgt die eigentümliche Geschichte von dem Mann ohne Festgewand. Plötzlich wird wichtig, welches Gewand die Festgäste, die man von der Straße aufgelesen hat, tragen. Zur Zeit Jesu war es im Orient Sitte, daß Gästen, die zu den Großen des Landes eingeladen waren, beim Eintritt ins Haus ein Festkleid überreicht wurde.
Sicherlich dachten die damaligen Zuhörer daran, als sie hörten, daß man Gäste von der Straße aufgelesen hatte, ohne daß diese sich entsprechend vorbereiten konnten. Der Mann, von dem im Evangelium die Rede ist, hatte offenbar die Gabe des Festkleides ausgeschlagen und seine Straßenkleidung anbehalten. *Das* wurde *ihm* zum Verhängnis! Der König – so heißt es im Gleichnis – ließ ihn binden und in die Finsternis hinauswerfen.
Mit diesem Ausgang des Gleichnisses treten die Worte Jesu auch an uns heran. Vielleicht haben wir uns heute hier gleichsam als Festgäste versammelt. Deshalb müssen auch *wir uns* fragen las-

sen, wie das Festgewand aussieht, das wir angelegt haben. In unserem Alltag bekleiden wir uns mit mancher Bosheit, Ungeduld und Lieblosigkeit, einem Gewand, das manchmal ziemlich löchrig und zerlumpt ist. Wir spüren an uns selbst und an anderen, daß wir in unserem Gewand manchmal schwer erkennbar sind als solche, die *Christus* angezogen haben in der *Taufe*. Oft sagen wir dann entschuldigend zu diesem oder jenem Loch in unserem Gewand: „Ich bin nun einmal so, und die anderen müssen mich eben nehmen, wie ich bin." Im Grunde verschmähen wir damit jene Wandlung, die *Gott* uns anbietet. Wir verschmähen, das Festgewand, das Gott uns darreicht, auch wirklich anzuziehen. Wir schlagen das Angebot aus, uns umzuziehen, uns zu ändern, umzukehren.
In den Aussagen des Apostels Paulus wird deutlich, was unter einem Festgewand zu verstehen ist. Wer zu einem Hochzeitsmahl – ganz besonders zum himmlischen – eingeladen ist, der hat auch eine gewisse Kleidervorschrift zu beachten. Das betrifft nicht nur eine äußere Etikette. „Zieht den *neuen* Menschen an!" sagt Paulus. Zieht Christus an! Bekleidet euch mit Demut, Milde, Geduld, Barmherzigkeit, Güte! So kann das Evangelium auch für mich Anstoß sein, einen *ehrlichen* Blick auf *mein* Gewand zu werfen und die *Löcher* in meinem Kleid ausfindig zu machen. Ich merke dann, wie wichtig es ist, das abzustreifen, was ich an Eigensucht, an Geltungsdrang, an Lieblosigkeit und Gehässigkeit angezogen habe im Laufe der Zeit. Ich könnte mich durchaus mit mehr Milde, Güte und Geduld bekleiden.
Wo Wasser, wo Neid, Mißgunst, Ungeduld, Lieblosigkeit als Festgabe mitgebracht werden, sollte ich nicht meinen: „Das fällt schon nicht weiter auf!" Zumindest der Gastgeber – Gott – merkt es. Er stellt jedem die Frage: „Freund/Freundin, wo hast *du* dein hochzeitliches Gewand?" Das ist eine Frage, die tiefer vorstößt, als daß sie nur unser äußeres Erscheinungsbild betreffen würde. Es ist die Frage danach, ob wir wirklich in unserem Denken, Reden und Tun *Christus* angezogen haben. Da, wo wir den *neuen* Menschen angezogen haben, findet bestimmt alles andere als ein Lumpenball vor Gott statt.
Wir Christen haben die Einladung zu einem Fest erhalten, das all unser Feiern schon jetzt mit seinem Glanz überstrahlt. *Wir* sind es, die Gott von den Straßenkreuzungen, von den Hecken und

Zäunen dieser Welt holt. Wir glauben daran, daß wir nicht nur dazu verurteilt sind, in dieser Welt zu arbeiten und zu schuften, nur um ohnmächtig mit ansehen zu müssen, wie uns die Stunden, die Tage und Jahre aus den Händen gleiten und wir nichts, aber auch gar nichts festhalten können. Wir sind kein wehrloses Herdenvieh, das am Ende unseres Weges vom Tod unerbittlich abgeschlachtet wird. *Wir* sind zu einem Fest der *Ewigkeit* eingeladen – und zu diesem Fest gut vorbereitet zu erscheinen ist unsere wichtigste Aufgabe hier auf der Erde. Einen Vorgeschmack dieses Festes, gewissermaßen eine *Erinnerung* an unsere *Zukunft*, besitzen wir jetzt schon in der Feier der Eucharistie. Hier ist, verborgen unter Zeichen und Symbolen, jenes Hochzeitsmahl des Gotteslammes gegenwärtig, von dem uns das Evangelium berichtet. Daß Gott uns berufen und eingeladen hat, daß er uns seine Liebe schenkt und sein Leben mitteilt, das ist wirklich *der* Grund zum Feiern.
Als Frau stehe ich manchmal beim Einkaufen vor dem Problem, mir bei künstlichem Licht vorstellen zu müssen, wie ein Kleid bei Tageslicht wohl aussehen wird. In bezug auf unser Leben stehen wir vor einem ähnlichen Problem: Wie wird das, was wir in diesem Leben getan, gesagt haben, wohl aussehen, wenn das Licht der Ewigkeit darauf fällt, das so ganz anders leuchtet als das Licht dieser Weltzeit? Es kommt alles darauf an, das Gewand zu bewahren, das im Licht der Ewigkeit bestehen kann und für das Fest der Ewigkeit geeignet ist. Denn dieses Kleid steht *mir*, steht Ihnen schon gut im irdischen Leben.

Fürbittendes Gebet

P: Guter Gott, du lädst uns ein mit den Worten: „Kommt alle zu mir, die ihr euch plagt und schwere Lasten zu tragen habt!" Wir folgen deiner Einladung und bitten dich:

L: Für alle, die in der Kirche dein Wort verkünden: daß das Beispiel ihres Lebens jene Menschen neues Vertrauen in deine Einladung gewinnen läßt, die Enttäuschungen im Leben der Kirche erfahren haben.
A: Wir bitten dich, erhöre uns.

L: Für alle, die deine Nähe nicht spüren: daß ihnen Menschen begegnen, die ihnen diese Liebe vermitteln.
A: Wir bitten dich, erhöre uns.

L: Für alle, die in Gefahr sind, sich zu verschließen, für Eheleute, die einander fremd geworden sind, für Eltern und deren Kinder, die einander nicht mehr verstehen: daß sie im Gespräch die Offenheit finden, neues Vertrauen zu wagen.
A: Wir bitten dich, erhöre uns.

L: Für alle, die in diesen Tagen zu Opfern der von Menschen ausgeübten Gewalt wurden: daß sie deine liebende Zuwendung erfahren und daß wir uns immer wieder einladen lassen, alle menschliche Gewalt nur in deiner Liebe zu überwinden.
A: Wir bitten dich, erhöre uns.

L: Für unsere Toten, die mit ihrem Leben (aus deinem Geist) eine Antwort auf deine Einladung gegeben haben: daß sie das Gastmahl der ewigen Versöhnung in der neuen Welt deines immerwährenden Friedens mit dir feiern.
A: Wir bitten dich, erhöre uns.

P: Herr, unser Gott. Um all das bitten wir dich, weil wir ohne dich nichts tun können. Unsere Hände und Füße sind es, die in dieser Welt deine Liebe spürbar werden lassen. Mache uns horchend und gehorchend auf dein einladendes Wort durch Christus, unseren Herrn.
A: Amen.

Gabengebet (Meßbuch, S. 348, Nr. 2)

Gott, unser Vater, wir treten mit dem Opfer des Lobes vor dein Angesicht. Gewähre, daß ER, der bei uns sein wird mit dem Geheimnis seines Todes, unser träges Herz ergreife und uns löse von unserer Selbstbefangenheit. Darum bitten wir durch ihn, Christus, unseren Herrn.

Schlußgebet (Meßbuch, S. 525, Nr. 3)

Allmächtiger, gütiger Gott, wir waren Gäste am Tisch deines Sohnes, und er war der Herr unseres Mahles. Laß uns dereinst zu ihm gelangen, der uns auf dem Weg durch den Tod in die Herrlichkeit vorausgegangen ist, unser Herr Jesus Christus, der mit dir lebt und herrscht in alle Ewigkeit.

Meditation

vielleicht
sollte man heute
die bergpredigt
erweitern
um den satz
daß selig die sind
die den himmel
nicht ansehen
als trostpreis
für ein
verpfuschtes leben
all jenen
zum ärgernis
die sich etablieren
und arrangieren
und sich
im bannkreis dieser welt
schon lebendig
einzementieren

Lieder aus dem „Gotteslob"

„Gott wohnt in einem Lichte" (Nr. 290)
„Herr, dir ist nichts verborgen" (Nr. 292)
„Wer nur den lieben Gott läßt walten" (Nr. 295)
„Herr, unser Herr, wie bist du zugegen" (Nr. 298)
„Singet Lob unserm Gott" (Nr. 260)

„Sag ja zu mir, wenn alles nein sagt“

Die Geschiedenen sind von Gott nicht geschieden

Einführende Gedanken

„Am liebsten gehe ich zu meinem Schneidermeister, denn der nimmt immer neu Maß an mir!" Das hat ein bekannter Dichter festgestellt.
Wir dagegen haben oft ein fertiges Maß:
„Du bist nichts!
Du taugst nichts!
Du bist ein Versager!
Du bist schuld an der Misere ...!"

Wie leicht können wir solche Negativbotschaften fortsetzen. Das Faszinierende an Jesus war, daß er immer neu am Menschen selbst Maß nahm und so zu einem neuen Anfang ermutigte.

Kyrie

Herr Jesus Christus:

– Du bist gekommen als das Wort des Vaters, das Leben schafft.
Herr, erbarme dich.

– Du rufst immer wieder Menschen, die Leben ermöglichen und neue Hoffnung begründen.
Christus, erbarme dich.

– Du brichst nicht den Stab über uns, sondern ermutigst uns, deine Botschaft in unserem Leben Wirklichkeit werden zu lassen.
Herr, erbarme dich.

Nachlaß, Vergebung und Verzeihung unserer Sünden gewähre uns der barmherzige und liebende Gott: der Vater, der Sohn und der Heilige Geist. Amen.

Oration (Meßbuch, S. 314, Nr. 25)

Gott. Du bist uns nahe, noch bevor wir zu dir kommen. Du bist bei uns, noch bevor wir uns aufmachen zu dir. Sieh deine Gemeinde, die auf dich schaut: Sieh unsere Sehnsucht nach Glück, unseren Willen zum Guten und unser Versagen. Erbarme dich unserer Armut und Leere. Fülle sie mit deinem Leben, mit deinem Glück, mit deiner Liebe. Darum bitten wir durch Jesus Christus.

Evangelium (Lk 14,15–24)

In jener Zeit sagte einer der Gäste, der zusammen mit Jesus eingeladen worden war, zu ihm: Selig, wer im Reich Gottes am Mahl teilnehmen darf. Jesus sagte zu ihm: Ein Mann veranstaltete ein großes Festmahl und lud viele dazu ein. Als das Fest beginnen sollte, schickte er seinen Diener und ließ den Gästen, die er eingeladen hatte, sagen: Kommt, es steht alles bereit! Aber einer nach dem andern ließ sich entschuldigen. Der erste ließ ihm sagen: Ich habe einen Acker gekauft und muß jetzt gehen und ihn besichtigen. Bitte, entschuldige mich! Ein anderer sagte: Ich habe fünf Ochsengespanne gekauft und bin auf dem Weg, sie mir genauer anzusehen. Bitte, entschuldige mich! Wieder ein anderer sagte: Ich habe geheiratet und kann deshalb nicht kommen. Der Diener kehrte zurück und berichtete alles seinem Herrn. Da wurde der Herr zornig und sagte zu seinem Diener: Geh schnell auf die Straßen und Gassen der Stadt und hol die Armen und die Krüppel, die Blinden und die Lahmen herbei. Bald darauf meldete der Diener:

Herr, dein Auftrag ist ausgeführt; aber es ist immer noch Platz. Da sagte der Herr zu dem Diener: Dann geh auf die Landstraßen und vor die Stadt hinaus und nötige die Leute zu kommen, damit mein Haus voll wird. Das aber sage ich euch: Keiner von denen, die eingeladen waren, wird an meinem Mahl teilnehmen.

Ansprache

P: Hören Sie mich?

Nein, das ist keine Hörprobe! Hören: das war heute schon eine lange Übung für Sie. Sie haben mir lange zugehört. Das ist nicht selbstverständlich; dafür danke ich. Aber Sie haben dabei weniger von mir gehört als etwas von Lebensfeldern, *über* die ich zu Ihnen sprach. Es handelte sich um Lebensfelder, an denen ich zwar als Priester mitbetroffen bin, aber es handelt sich nicht um Leben, das ich selbst so erfahren habe. Ich spreche da eben *über* etwas.

Manche fragen zuweilen etwas kritisch: „Was kann uns ein zölibatär lebender Mann schon über die Ehe erzählen?" Etwas humorvoll faßt eine kleine Begebenheit diese Frage in eine Antwort. Als zwei Verheiratete sich anläßlich einer Trauung die Predigt des Pfarrers über die Wonnen des Ehestandes angehört hatten, sagte der eine am Schluß der Predigt zum anderen: „Schön hat er gesprochen; ich wünschte, ich verstünde von der Sache auch so wenig wie er."

Man kann viel Kenntnisreiches und Treffendes über einen Lebensbereich sagen, der Menschen bewegt. Aber bewegt werde ich in meinem Denken und Fühlen oftmals nur dadurch, daß ich Menschen sprechen höre, die das, was sie erzählen, selbst erlebt haben, die also durch das eigene Erleben bewegt sind. Solches Lebenszeugnis ist bewegend.

Wir müssen den Mut haben als Priester, auch einmal schweigen zu können, nicht *über* etwas sprechen zu wollen, sondern uns von den in Worten gefaßten Lebenserfahrungen und Lebenszeugnissen anderer bewegen zu lassen. Das ist der Grund, weshalb ich von jetzt an in dieser Predigt schweigen muß und möchte. Es schützt mich nicht zuletzt auch davor, daß Sie am Ende dieser Predigt zu mir vielleicht sagen würden: „Ich wünschte, ich verstünde auch so wenig von der Sache wie er." Ich selbst möchte immer wieder verstehen lernen. Das kann ich oftmals nur, wenn ich die in Worte gemalten Lebenserfahrungen anderer Menschen offen höre. So möchte ich von nun an ein Hörender sein.

L: Liebe Brüder, liebe Schwestern!
Wer heute Menschen für sich gewinnen möchte, der hat verschiedene Möglichkeiten, dies zu tun: Eine politische Partei entwirft ein Programm und stellt ihre Vertreter vor; ein Unternehmen läßt durch einen Werbefachmann Werbemethoden entwickeln, die bei den potentiellen Käufern ankommen; die Kirchen laden ein mit Gottesdiensten und Veranstaltungen.
Jesus geht anders vor. Er erzählt Geschichten, Gleichnisse vom Reich Gottes, das er den Menschen nahebringen will, zu dem er sie einladen möchte und das in seiner Person schon mitten unter ihnen ist. Er hätte auch anders vorgehen können. Anstatt Geschichten zu erzählen, hätte er Thesen oder Lehrsätze aufstellen können. Eine Geschichte aber ist einladender.
Besonders erstaunlich ist dabei, in was für Geschichten, in welche Bilder Jesus seine Botschaft kleidet. In unserem Gleichnis ist es das Bild von der Einladung zum großen Festmahl. Wenn Sie in die Heilige Schrift schauen, werden Sie feststellen, daß Jesus öfters das Fest als Ausdruck und Symbol für das Gottesreich gewählt hat. Das Fest – besonders das Hochzeitsfest – war in seiner Zeit und Gesellschaft der Inbegriff von Glück und Freude. Und eben diesen Inbegriff von Glück und Freude benutzte er als Beispiel für die Schönheit des Reiches Gottes und seiner Herrschaft. Jesus war in seinem Leben mitten unter den Menschen, in ihren Häusern, an ihren Tischen und bei ihren Festen. Dort hat er durch sein alle Schranken durchbrechendes Verhalten das Fest Gottes mit den Menschen erneuert. Die Weise, wie er die Menschen annahm, gab Kunde vom Ja Gottes zu seinen Menschen, von einem letzten Angenommensein. Auch das Evangelium unserer Eucharistiefeier berichtet von einem solchen Fest.
„Ein Mann gab ein großes Festmahl und lud viele Gäste dazu ein.“ Mit diesen Worten beginnt Jesus seine Erzählung. Er weckt in den Zuhörern vertraute und bekannte Bilder. Dabei geht es in unserem Gleichnis sicher nicht um eine kleine, bescheidene Einladung, sondern um ein großes Mahl, bei dem die Tische festlich gedeckt sind und alle Türen offen stehen zum Empfang.

Um so erstaunlicher sind die Entschuldigungen, die die Geladenen nennen. Die Reaktion des Hausherrn auf die Absagen wirkt überraschend. Er sagt das Fest nicht ab. Er schließt die Türen nicht zu, sondern bietet das Fest weiterhin an. Sein Zorn drückt zwar Trauer darüber aus, daß seine Gäste die Einladung nicht verstanden haben, aber er schaut zugleich aus nach neuen Möglichkeiten. Er will das Fest weiterhin halten, damit er bewirten und beschenken kann. Er will zusammensitzen, essen und trinken, feiern und sich freuen. Das kann keiner allein, auch der einladende Hausherr nicht.
Und nun gibt es tatsächlich Gäste, die kommen. Es sind die sogenannten Außenseiter der Gesellschaft: die Armen, Gebrechlichen, Blinden und Lahmen. Was für eine bunte Gesellschaft mag das gewesen sein! Wir können uns den festlichen Saal vorstellen voller Gäste, die noch nie in ihrem Leben an einer solchen Einladung teilgenommen haben: Sie alle stehen um den festlich gedeckten Tisch, werden empfangen und bedient; sie, die nichts an Leistung oder Erfolg vorzuweisen haben, außer daß sie der Einladung gefolgt sind. Aber noch ist das Haus nicht voll; es ist immer noch Platz vorhanden. Und weiter ergeht die Einladung an alle, die an den Rand ihrer Existenz gedrängt sind. Das sind sie, die von „den Hecken und Zäunen". Und wenn sie es kaum glauben wollen, daß sie die geladenen Gäste sind, sollen sie so lange gebeten werden, bis sie auch wirklich kommen. „Damit mein Haus voll werde!" sagt der Hausherr.
Seit drei Jahren steht auf meinem Schreibtisch daheim eine Spruchkarte. Ihr Text lautet: „Wer ein Warum zu leben hat, erträgt fast jedes Wie." Sie steht dort, seitdem der Vater meines Kindes mir mitteilte, daß er sich für eine andere Frau als Partnerin seines weiteren Lebens entschieden hat. Nach 4 1/2 Jahren war unsere Ehe nicht mehr. Inzwischen wurde sie geschieden. Seitdem habe ich gleichsam urkundlich festgemacht, daß mein Leben völlig anders verlaufen ist, als ich es mir einmal erträumt hatte. Meine Hoffnung, mit einem anderen Menschen zusammen alt zu werden, ist gescheitert. Ich bin gezwungen, den Rest meines Lebens alleine zu leben.
Verlassen zu werden hinterläßt eine große Leere. Zweifel am eigenen Selbstwert sind besonders in der ersten Zeit der ständige Lebensbegleiter: „Warum war *ich* nicht gut genug?" Träume blei-

ben auf der Strecke. Sehnsucht verläuft ins Leere. Dazu kommt die Angst vor der alleinigen Verantwortung für die Erziehung meiner Tochter, vor den bösen Nachreden und dem harten Urteil der Mitmenschen. Und – auch dies gebe ich Ihnen gegenüber ehrlich zu –, es taucht auch die Frage nach der Schuld auf: „Inwieweit bin ich am Zerbrechen der Ehe schuldig, weil ich es vielleicht unterlassen habe, das Lebenshaus der Ehe auch für den anderen wohnlich zu erhalten, so daß dieser in die Fremde ging?" Und, was ich so noch niemals im Leben verspürt habe: Es schmerzt, keinen Ort zu haben, an dem ich trauern kann. Es gibt kein Grab, das ich pflegen kann.
Zugegeben: Ich bin mit der Geschichte meiner Ehe noch nicht fertig – trotz der Scheidung. Immer noch gibt es lange, einsame Abende und nichtendenwollende Nächte. Aber ich weiß auch, daß ich eigentlich nicht viel Grund zur Klage habe. Ich habe wirkliche, ehrliche Freunde, auf die ich mich verlassen kann. Ich habe eine Arbeit, die mich ausfüllt und bereichert. Ich arbeite mit Menschen zusammen, die sehr viel Verständnis für meine Situation aufbringen. Und ich habe eine Tochter, die mir viel Freude macht. Und – auch das ist wahr – ich habe in der größten Krisensituation meines Lebens meinen Gott ganz neu gefunden. Ich glaube, menschlich reifer geworden zu sein, auch an Gnade vor Gott.
Das Gleichnis, das wir im Evangelium gehört haben, hat seine Zuhörer, die von damals und die von heute. Menschen wie ich haben vielleicht kein hochzeitliches Gewand mehr vorzuweisen. Vielleicht aber sind auch wir die von „den Hecken und Zäunen" Eingeladenen?
Einen Vorgeschmack zu diesem Fest werden wir gleich in der Feier der heiligen Kommunion erleben dürfen. Für dieses Fest gibt es für mich kein schöneres Bild, als es im Hochgebet zur Feier der Versöhnung ausgedrückt ist: „Sammle die Menschen aller Rassen und Sprachen, aller Schichten und Gruppen zum Gastmahl der ewigen Versöhnung in der neuen Welt deines immerwährenden Friedens."
Es geht um sein Fest, um ein Fest zusammen mit Menschen, die keinen Besitz und nichts an Leistung vorzuweisen haben, die aber begreifen, daß es um die Einladung *jetzt* – und nicht ein anderes Mahl – geht. Jetzt ist die Zeit da, sich vom Hausherrn

einladen zu lassen; Tore und Türen stehen weit offen; das Fest beginnt.
Wir alle sind eingeladen zum endgültigen Fest im Reich der Liebe Gottes. Uns trifft das Glück, nicht unvorbereitet kommen zu müssen. Wir wissen seit langem um die Einladung. Und Gott gibt uns ein ganzes Leben lang Zeit zur Vorbereitung. Laßt uns also gemeinsam die Vorbereitungen für das Fest treffen: Laßt uns einstehen für Gottes Geist, der uns über viele Grenzen hinweg zusammenführt. Gottes Fest liegt nicht hinter uns, sondern vor uns. Sein Reich ist nicht von gestern, sondern von heute und morgen.

Liebe Brüder, liebe Schwestern!
Ich denke, viele von Ihnen kennen den Ausspruch, der sagt: „Wenn einer allein träumt, dann ist es nur ein Traum. Wenn viele gemeinsam träumen, dann ist das der Beginn einer neuen Wirklichkeit!" Ich möchte Sie von Herzen einladen und bitten, einen Traum mit mir zusammen zu träumen und ihn so Wirklichkeit werden zu lassen, den Traum von einer Kirche, deren Grundentdeckung es ist: Es kommt nicht darauf an, wer Menschen sein müssen (in den Schranken religiöser Gesetze), sondern wer sie sein dürfen und können – vor dem Angesicht Gottes. Dort, in dieser Kirche, dürfen die Menschen Raum finden, so wie sie sind: schwach und auch schuldig, mit einer je eigenen Lebens- und Glaubensgeschichte und mit unverwechselbaren Erfahrungen. Auch Menschen mit gescheiterten und zerbrochenen Lebensentwürfen haben in dieser Kirche ihren Platz (vgl. Paul Zulehner).
Laßt uns also gehen in die Zeit, die vor uns liegt, mit der Einladung zum Fest Gottes. Seien wir stark in der Liebe, die niemanden übersieht, in der Hoffnung, die sich nicht beirren läßt, in der Phantasie für andere, die keine Grenzen kennt. Gott lasse uns einander zum Segen werden, auf daß wir alle Gast sein dürfen beim Gastmahl der ewigen Versöhnung in der neuen Welt seines immerwährenden Friedens.

Stille

Fürbittendes Gebet

P: Lasset uns beten zu unserem Herrn Jesus Christus, der uns Menschen den Sinn dafür geschärft hat, daß es ihm ganz um den Menschen geht.

L: Für die Kirche: daß sie immer wieder aufbricht und in der Wegbegleitung der Menschen, die mit ihren Lebensplänen gescheitert sind, deine Güte und Nähe erfahren läßt.
A: Christus, höre uns.

L: Für alle Frauen und Männer, deren Partnerschaft durch Tod oder Scheidung beendet ist: Laß sie erfahren, daß du sie auf ihrem Weg begleitest und daß ihre Lebens- und Glaubenserfahrung für uns wichtig ist.
A: Christus, höre uns.

L: Für alle Kinder, die nicht mit beiden Elternteilen leben können: Schenke ihnen Menschen, die mit ihren Verlustängsten liebevoll umgehen, und laß sie aufwachsen im Vertrauen, daß verläßliche Beziehungen unter Menschen möglich sind.
A: Christus, höre uns.

L: Für alle Eheleute, die bisher viele glückliche Jahre miteinander in ihrer Ehe erlebt haben: daß sie auch weiterhin im gläubigen Vertrauen auf dich, den liebenden Gott, einander jene Liebe erfahren lassen, die bisher zur Quelle ihres Glücks geworden ist.
A: Christus, höre uns.

L: Für alle Eheleute, die es schwer miteinander haben: daß sie für alle Möglichkeiten offen bleiben, einander mit Vergebung und Geduld zu begegnen.
A: Christus, höre uns.

L: Für die jungen Menschen in unseren Gemeinden, die sich auf die Ehe vorbereiten: daß du sie auf ihrem Weg begleitest, damit sie zu liebender Partnerschaft in der Ehe finden.
A: Christus, höre uns.

L: Für alle Verstorbenen, die uns im Glauben vorangegangen sind: daß sie in deiner ewigen Ruhe die Erfüllung all ihrer Sehnsüchte erfahren.
A: Christus, höre uns.

P: Herr Jesus Christus, du hast uns gezeigt, wie groß deine Liebe zu uns Menschen ist. Gib uns allen die Kraft, aus dieser Liebe zu leben und von ihr den Menschen zu künden. Darum bitten wir dich, der du in der Einheit des Heiligen Geistes mit Gott, dem Vater, lebst und herrschst in Ewigkeit.
A: Amen.

Gabengebet (Meßbuch, S. 350, Nr. 7)

Vater im Himmel, in deinem Sohn ist der Welt das Licht aufgeleuchtet, das unserem irdischen Leben den Weg weist. Laß uns in der Feier seines Opfers das göttliche Leben empfangen, damit wir selbst Licht werden für die Welt. Darum bitten wir durch ihn, Christus, unseren Herrn.

Schlußgebet (Meßbuch, S. 526, Nr. 5)

Gott, unser Vater, dein Sohn hat uns von dir Kunde gebracht. Er hat uns erkennen lassen, wie du bist: groß in deiner Huld für deine Geschöpfe, gewaltig in deiner Hoheit, wehrlos in deiner Liebe. Vater, wir sagen Dank durch deinen Sohn, der sich uns im heiligen Mahl geschenkt hat, der mit dir lebt und herrscht in alle Ewigkeit.

Meditation

eines tages
da wird dich einer fragen:
wie viele menschen waren glücklich
daß du gelebt
und du gehst zurück

in deine erinnerung
und durchziehst
die kreise deines seins
und stößt auf verzweiflung
und trauer und melancholie
und du wirst sagen:
ich weiß es nicht

aber der frager
wird nicht von dir lassen:
wie viele menschen waren glücklich
daß du gelebt
und dann siehst du
trauer auf gesichtern
die du liebtest
und du weißt nicht mehr
warum es so war

dein lächeln das erfroren
die antwort die du schuldig bleibst
deiner worte lose steine
in der brücke die nichts bindet
stürzen zusammen ohne laut

frag nicht mich:
wie viele menschen waren glücklich
daß du gelebt
frag sie:
wart IHR glücklich
daß ich gelebt ...

Lieder aus dem „Gotteslob"

„Alles Leben ist dunkel" (Nr. 552)
„Herr, dir ist nichts verborgen" (Nr. 292)
„Sonne der Gerechtigkeit" (Nr. 644)
„Sag ja zu mir, wenn alles nein sagt" (Nr. 165)

„Meister, wo wohnst du?“: „Kommt und seht!“

Einführende Gedanken

„Wir geben Ihrer Zukunft ein Zuhause!" Mit diesem Slogan wirbt eine Bausparfirma. Bis 30. 9. sei „Endspurttermin". Dann käme man schneller ans Geld, wenn man diesen Termin einhalte.
Der Zukunft ein Zuhause geben, das klingt gut. Aber mit Geld ist ein Zuhause, das der Grundsehnsucht des Menschen entspricht, wohl nicht zu kaufen. Es gibt ein Zuhause, das sich nicht in Mark und Pfennig rechnen läßt, das sozusagen unbezahlbar ist und bleibt.
„Wo wohnst du?" Im Evangelium richten zwei Jünger diese Frage an Jesus. Nun antwortet dieser gerade nicht mit der Angabe eines Wohnortes oder einer Wegbeschreibung, sondern mit der Einladung: „Kommt und seht!"
Auch wir sind eingeladen, bei ihm zu Hause zu sein. Auch wenn wir nur auf einen Sprung bei ihm vorbeikommen, um zu sehen, wo er zu Hause ist, und vor allem, wie es bei ihm zu Hause ist, vielleicht hilft das auch uns, in aller Sprunghaftigkeit wieder etwas mehr den Durchblick zu bekommen dafür, wo unser Leben wirklich zu Hause ist.
Wenn ich zu jemand nach Hause komme, sagt man mir manchmal mit Blick auf meinen Mantel oder meine Jacke: „Legen Sie ab, und fühlen Sie sich wie zu Hause."

Im übertragenen Sinn möchte ich das auch Ihnen sagen mit Blick auf all das, was Sie auf Ihren Schultern tragen an Traurigkeit, Nöten, Sorgen, Versagen im Reden und Tun: „Legen Sie ab, und fühlen Sie sich wie zu Hause."

Kyrie

Herr Jesus Christus:

- Du lädst auch uns ein mit den Worten: Kommt und seht!

- Du willst, daß wir bei dir zu Hause sind, und bereitest uns eine Wohnung.

- Du lädst uns ein, das abzulegen, was wir an Belastung und Schuld mit uns tragen.

Oration (Meßbuch, S. 1017 A)

Gott, unser Heil, in deiner wunderbaren Vorsehung hast du bestimmt, daß das Reich Christi sich über die ganze Erde ausbreiten soll. Du willst, daß alle Menschen von ihrer Schuld erlöst und gerettet werden. Laß deine Kirche leuchten als Zeichen des allumfassenden Heiles. Hilf ihr, das Geheimnis deiner Liebe zu verkünden und es an den Menschen wirksam zu machen. Darum bitten wir durch Jesus Christus.

Evangelium (Joh 1,35–39)

In jener Zeit stand Johannes am Jordan, wo er taufte, und zwei seiner Jünger standen bei ihm. Als Jesus vorüberging, richtete Johannes seinen Blick auf ihn und sagte: Seht, das Lamm Gottes! Die beiden Jünger hörten, was er sagte, und folgten Jesus. Jesus aber wandte sich um, und als er sah, daß sie ihm folgten, fragte er sie: Was wollt ihr? Sie sagten zu ihm: Rabbi – das heißt übersetzt: Meister –, wo wohnst du? Er antwortete: Kommt und seht! Da gingen sie mit und sahen, wo er wohnte, und blieben jenen Tag bei ihm; es war um die zehnte Stunde.

Ansprache

„Warum geht ihr in die Kirche?"
„Warum betet ihr?"
„Warum liest du die Zeitung?"
„Warum hörst du Nachrichten?"
„Warum hast du schlechte Laune?"
„Warum guckst du so böse?"
„Warum sehe ich den lieben Gott nicht?"
Warum – warum – warum?

Kinder können alles mögliche fragen. Der Volksmund hat dafür die plastische Wendung gefunden, daß Kinder einem ein „Loch in den Bauch fragen". Keine Antwort stellt sie schnell zufrieden. Meist ist sie vielmehr Anstoß zu einer neuen Frage. Kinder stellen oft auch Fragen, die wir Erwachsenen längst als selbstverständlich beantwortet und abgehakt haben oder in denen wir nichts besonders Fragwürdiges erkennen. Deshalb werden manche Erwachsenen auch manchmal etwas ungeduldig, wenn Kinder vermeintlich „unsinniges" Zeug fragen.

Aber was heißt hier denn unsinnig? Zum einen weiß man als Erwachsener sehr genau, daß jedes Kind den vermeintlich „allwissenden" Großen mit seinem „Warum, Weshalb, Wieso" ganz schön in Verlegenheit bringen kann, zum anderen, daß es eigentlich keine unsinnige Frage gibt, wenn sie ernsthaft gestellt ist, sondern höchstens unsinnige Antworten: „Das ist eben so, weil es so ist." – „Das war schon immer so." – „Halt jetzt den Mund!" Oder einfach: „Warum? Darum!"

In jeder ernsthaften Frage steckt die Erwartung einer sinnvollen Antwort, nach einer Antwort, die neue Einsichten schenkt. Wer daher nicht mehr fragt, erwartet im Grunde nichts Überraschendes und Neues mehr. Er findet sich einfach mit dem ab, was ist.

Wir sind oftmals in der Versuchung, nicht mehr viele Fragen stellen zu wollen. Viele haben sich im Laufe des Lebens mit einem gewissen Quantum an Antworten eine relativ stabile Lebenswelt aufgebaut. Wir leben, wie es einmal jemand ausgedrückt hat, in einer Welt der Fraglosigkeit. Der Alltag verläuft routinemäßig. In Wirklichkeit ist aber nur weniges so selbstverständlich oder normal, wie es nach außen hin den Anschein hat. Ist es wirklich „normal", wenn z. B. das Ideal des Jungseins das Alter an den

Rand schiebt? Ist es „normal", daß Menschen einander so oft unehrlich und unaufrichtig begegnen?
Ich könnte die Reihe solcher Fragen lange fortsetzen. Wo sie nicht als moralische Anklage oder Besserwisserei gestellt sind, könnten sie das Fragwürdige im eigenen Leben aufdecken helfen, könnten zeigen, daß vieles frag-würdig ist.
Wenn wir ehrlich fragen, suchen wir eine Antwort außerhalb unseres Selbst. Damit bekunden wir, daß wir eine Antwort von einem anderen erwarten. So liegt im Fragen zugleich der Anfang einer Begegnung.
Lebendig erfahrbar wird das im heutigen Evangelium. Jesus stellt den beiden Jüngern die Frage: „Was wollt ihr von mir?" Sie werden ermuntert, ihn zu fragen, was sie bei ihm finden könnten. Sie antworten mit einer Frage: „Rabbi, Meister, wo wohnst du?" Das bedeutet nichts anderes als: „Wo hast du dein Zuhause? Könnten wir bei dir ein Zuhause finden? Finden wir bei dir eine Antwort auf unsere Fragen?" Jesu Antwort fällt sehr kurz aus: „Kommt und seht!"
Er sagt ihnen damit: „Geht mit mir, und ihr werdet erkennen, wo meine Heimat ist und wo eure Heimat sein könnte, wo eure Fragen auf eine Antwort hingeführt werden." *So* beginnt offenbar wirkliche Nachfolge Jesu: mit der Frage nach seinem und unserem Zuhause. Solches Fragen ist aber nur möglich, wenn wir bereits das Zuhause unserer scheinbar so normalen Umgebung in Frage stellen, wenn wir nicht nur zur Tagesordnung zurückkehren, sondern unter Umständen dem Tag eine neue Ordnung geben, die zur lebendigen Antwort Seines Geistes wird.
Vielleicht kann uns das Evangelium ermuntern, Fragen aufkommen zu lassen an uns und an das, was wir und wie wir leben in Kirche und Gesellschaft, was uns wirklich Wohnung ist, wo wir wirklich zu Hause sind oder wo wir uns ohne Ihn eingerichtet haben. Vielleicht fragt sich manche/r unter Ihnen, warum ich soviel vom Fragen spreche. Nun, so viele Antworten will ich und kann ich gar nicht geben. Vielleicht ist ja gerade das manchmal unser Problem in unserer Verkündigung: Wir haben zu viele Antworten und suchen zu oft nur die passenden Fragen dazu (nach dem Motto: „Wir haben die Antwort, haben Sie eine passende Frage dazu?"). Dabei ist es doch eher umgekehrt: Sie haben die Fragen! Und nicht immer haben wir eine passende Antwort, wie

ich oft auch in meinem anderen Arbeitsbereich spüre, in dem mir viele Menschen begegnen, die das Scheitern ihrer Ehe erfuhren und die als Wiederverheiratete einen Weg in und mit der Kirche suchen. Wie oft habe ich keine passende Antwort, die ihren persönlichen Lebenskrümmungen wirklich gerecht wird. Manchmal muß ich dann sagen: „Wir können die Fragen nur gemeinsam aushalten und im gemeinsamen Hören auf sein Wort, in der Begegnung mit ihm, Jesus Christus, gemeinsam nach einer Antwort suchen."
Ich hoffe, daß die andere Frage, die Sie sich vielleicht mittlerweile stellen: „Warum hat der heute so lange vom Fragen zu uns gesprochen?", bei Ihnen nicht nur die Antwort findet: „Eigentlich wollte er uns damit etwas sagen, aber dann wurde doch wieder nur eine Predigt daraus."

Fürbittendes Gebet

P: Herr Jesus Christus, du lädst uns mit den Worten ein: „Kommt und seht!" Wir kommen zu dir und bitten dich:

L: Du bist bei uns in den Höhen und Tiefen unseres Lebens: Laß uns mit dir verbunden bleiben.
A: Christus, höre uns.

L: Du kennst unser Leben, verstehst unser Fragen: Nimm uns an mit unserer Sehnsucht, bei dir Antwort zu finden.
A: Christus, höre uns.

L: Du hast dich zu uns auf den Weg gemacht: Schicke uns auf den Weg zu denen, die einsam sind, die in Not sind, die keinen Rat wissen.
A: Christus, höre uns.

L: Du hörst unsere Fragen, du willst uns Antwort sein: Hilf uns in der Wegbegleitung von Menschen, die Orientierung und Antwort suchen.
A: Christus, höre uns.

L: Du bist zum Vater heimgegangen, um uns eine Wohnung zu bereiten: Laß unsere Verstorbenen die ewige Gemeinschaft mit dir erfahren.
A: Christus, höre uns.

P: Herr Jesus Christus, du hast dich uns gezeigt als der, der aller Menschen Bruder sein will. Sei du unser Licht auf den Wegen unseres Lebens, damit wir unser ewiges Zuhause finden bei dir. Darum bitten wir durch Christus, unseren Herrn.
A: Amen.

Gabengebet (Meßbuch, S. 1017 B)

Barmherziger Gott, sieh gnädig auf die Gaben deiner Kirche und mache deine Gläubigen durch das heilige Sakrament immer mehr zu dem, was sie durch deine Berufung sind: ein auserwähltes Geschlecht, eine königliche Priesterschaft, ein heiliger Stamm, ein Volk, das dir gehört. Darum bitten wir durch Christus, unseren Herrn.

Schlußgebet (Meßbuch, S. 1018)

Gütiger Gott, du hast uns mit dem Brot des Himmels gestärkt, mit dem Sakrament, das die Kirche nährt. Gib, daß wir auf diesen Beweis deiner Liebe antworten, mache uns zum Sauerteig für die Welt und zu Dienern am Heil unserer Brüder.[*] Darum bitten wir durch Christus, unseren Herrn.

[*] Anstelle des Wortes „Brüder" ist eventuell: „Brüder und Schwestern" zu verwenden.

Meditation

suche nach dem weg
den du für mich bestimmt
frage nach dem leben
das mich zu dir einst bringt
hoffnung auf entfaltung
trotz menschlicher
unzulänglichkeit
angst vor verkümmerung
der eigenen persönlichkeit

und doch –
durch die menschwerdung
deines sohnes
hast du auch mir dich genaht
näher als ein mensch
dem menschen
nahezustehen vermag

vater
du allein kannst mich führen
wohin ich nicht will
umarme mich
und nimm mich an die hand
und zeige mir meinen weg
in dein verheißenes land

Lieder aus dem „Gotteslob“

„Singet Lob unserm Gott“ (Nr. 260)
„Nun saget Dank und lobt den Herren“ (Nr. 269,
besonders Strophe 4:
„Gesegnet seid ihr allzusammen,
die ihr von Gottes Hause seid“)
„Singet dem Herrn ein neues Lied“ (Nr. 273)
„Dich will ich rühmen, Herr und Gott“ (Nr. 274)
„König ist der Herr“ (Nr. 275)

„Gott wohnt in einem Lichte" (Nr. 290,
besonders Strophe 5)
„Auf dich allein ich baue" (Nr. 293)
„Herr, unser Herr, wie bist du zugegen" (Nr. 298)

„Wir haben Profil“

Einführende Gedanken

Bei einer Tagung zum Thema „Frauen in der Kirche“ sagte mir einmal eine Frau im Blick auf den Pfarrer ihrer Gemeinde, der sich schwertut in der menschlichen Begegnung, insbesondere in der Begegnung mit Frauen: „So ein armer Kerl, am liebsten würde ich ihn umarmen.“
Einen gekrümmten Menschen umarmen?
Das geht nicht in aufrechtem Gang, von oben herab, sozusagen „vom hohen Roß herunter“. Da muß ich schon selbst meinen Rücken krumm machen, mich beugen, nicht nur in meinem Denken. Nur so kann es gelingen, in der Kraft der „Auf-erstehung“ den anderen aufzurichten. Will ich einen gekrümmten Menschen aufrichten, muß ich selbst den Rücken krümmen. Jesus hat seinen Rücken buchstäblich für uns gekrümmt.
Was tat er?
Er hat eine Gekrümmte aufgerichtet. Sie steht stellvertretend für alle Verkrümmungen und Verletzungen, unter denen Menschen auch heute noch leiden. Er ermöglichte ihr Geradestehen vor Gott und den Menschen. Er holte Menschen vom Rande und aus den Ruinen des Lebens in die Mitte der Gemeinschaft. Er zeigte ihnen den Horizont der Hoffnung, ließ sie Hoffnung auf neues Leben verspüren.

Ihm wollen wir nun unsere Sehnsucht sagen, daß er unser Leben dort wieder aufrichtet, wo es gekrümmt ist, und uns gleichsam von seiner Liebe umarmen lassen.

Kyrie

Herr Jesus Christus, das Kreuz, unter dem du dich gekrümmt hast, ist zum Zeichen deiner Herrlichkeit geworden. Wir bitten dich:

- Erbarme dich unser, wenn wir dein Kreuz zum leeren Gerede machen, weil wir unsere Kraft nur in unseren eigenen Worten und Taten suchen.

- Erbarme dich unser, wenn wir das Recht des Geringsten verleugnen und Haß und Gewalt uns bedrängen.

- Erbarme dich unser, wenn wir uns deines Kreuzes schämen und damit der Torheit der Welt Tür und Tor öffnen.

Herr Jesus Christus, du begleitest uns auf dem Weg durch das Leben. Versöhne uns miteinander. Laß uns als aufgerichtete Menschen in die Zukunft gehen. Darum bitten wir durch Christus, unseren Herrn.

Oration (Meßbuch, S. 309, Nr. 13)

Gott. Wir danken dir, daß du uns hier zusammengeführt hast. Laß uns erkennen, was wir sind. Laß uns glauben, was wir beten. Laß uns tun, was du uns sagst. Darum bitten wir durch Jesus Christus.

Evangelium (Mk 10,42–45)

In jener Zeit rief Jesus die Jünger zu sich und sagte: Ihr wißt, daß die, die als Herrscher gelten, ihre Völker unterdrücken und die Mächtigen ihre Macht über die Menschen mißbrauchen. Bei euch aber soll es nicht so sein, sondern wer bei euch groß sein will, der soll euer Diener sein, und wer bei euch der Erste sein will, soll der Sklave aller sein. Denn auch der Menschensohn ist nicht gekommen, um sich dienen zu lassen, sondern um zu dienen und sein Leben hinzugeben als Lösegeld für viele.

Ansprache

In einer Zeitschrift für Autofahrer fand ich einmal ein Bild von einem abgefahrenen Autoreifen. Darüber standen die Worte: „Ohne Profil ist lebensgefährlich." Reifen mit zu geringem oder fast gar keinem Profil verlieren die Bodenhaftung. Man bewegt sich auf ihnen wie auf Schmierseife. Reifen mit zu geringem Profil, da ist die Gefahr groß, daß das Fahrzeug nicht sicher ans Ziel kommt, daß man irgendwo im Straßengraben landet oder auf den Vordermann auffährt.

Profil haben, Profil zeigen, das kann auch für unser menschliches Zusammenleben wichtig sein. „Sich profilieren" ist ein wichtiges Stichwort unserer modernen Gesellschaft geworden. Da verrät uns manchmal schon die Sprache, daß man „die erste Geige spielen will", „Rang und Namen haben möchte", in „Amt und Würden" sein will.

Wenn wir ehrlich vor uns selbst sind: Irgendwie steckt in den meisten von uns da und dort ein solches Schielen nach den vermeintlich besseren Plätzen, ein solches „Sich-zu-profilieren-Versuchen", das sich in einem mehr oder weniger starken Geltungs- und Machtbedürfnis ausdrückt.

Das Betriebsklima kann wegen solcher Profilierungsversuche oft von Mißtrauen geprägt sein. Jeder bangt um seine Stellung, befürchtet die Bevorzugung anderer bei der Beförderung. Im Kern ist zuweilen das schmerzlicher Ernst, was so scherzhaft in die Worte gefaßt ist: „Es ist leichter, die Verdauung eines anderen zu fördern, als die Beförderung eines anderen zu verdauen."

Manch einer versucht, sich gegenüber anderen am Steuer seines PS-starken Wagens zu profilieren. Da wird oft auf lebensbedrohende Weise versucht, Größe zu zeigen durch Entmächtigung anderer.

Dieser kleine oder große Geltungs- und Machthunger will oftmals bis in die kleinsten Lebensbereiche, bis in eheliche Partnerschaften hinein gestillt werden. Wieviel Opfer werden da gebracht, wieviel Zwänge und Ängste legen sich Menschen auf, um dieses Geltungs- und Machtbedürfnis zu stillen! Wie viele begeben sich in falsche Abhängigkeiten von anderen, nur um dadurch für sich Lob und Anerkennung, Geltung und Einfluß zu erheischen. Warum verschreiben sich denn junge Menschen radikalen

Sekten oder Gruppierungen wie den Neonazis? Sicher auch, weil sie da spüren: „Hier gelte ich etwas." Zumindest wird ihnen das „vorgegaukelt."

Jesus weist einen anderen Weg, auf dem wir uns profilieren können, auf dem wir Profil gewinnen können. Dieser Weg des Dienens – wie er im Evangelium angesprochen ist – läßt uns buchstäblich in Jesu Spur haften, damit wir nicht ins Schleudern kommen.

Zugegeben: Das Wort „dienen" scheint manchmal etwas abgegriffen zu sein. Vom Dienen wird sehr viel gesprochen, sogar vom Dienstamt in der Kirche. Wo das Dienen als etwas Abstraktes betrachtet wird, da wird es in unserer Sprache groß geschrieben. Wo es hingegen um das konkrete Tun geht, wo es „ernst" wird, da schreiben wir es klein.

Lieber möchte ich bei dem Kleingeschriebenen bleiben und einige Situationen schildern, in denen mir Menschen mit dem typischen Profil eines Christen begegnet sind.

Ich denke etwa an Frauen und Männer in einer Familie, die sich aufopferungsvoll um die Pflege der kranken Oma, um den pflegebedürftigen Opa oder den Ehegatten kümmern und sie nicht vorschnell abschieben.

Ich denke an Mütter, die ein behindertes Kind haben. Sie sagten mir: „Die Tränen, die wir für unsere Kinder weinen, die brauchen sie selbst nicht mehr zu weinen."

Ich denke an Frauen, deren eigene Kinder versorgt und aus dem Hause sind und die ihr neues christliches Profil darin gewonnen haben, daß sie einer alleinerziehenden Mutter bei der Betreuung ihres Kindes helfen.

Es macht mich immer wieder froh, auf Menschen zu stoßen, die so als Christen ihr Profil an dem Profil Jesu zu messen versuchen und danach ausrichten.

Viele von Ihnen, liebe Schwestern und Brüder, bekleiden in der Pfarrei ein sogenanntes „Ehrenamt". Manchmal bedeutet das konkret: Sie haben die Arbeit. Die anderen haben die Ehre.

Im Ersten Brief des Petrus findet sich ein sehr schönes Wort. Übersetzt man es wörtlich aus dem griechischen Urtext, heißt es: „Dient einander mit der bunten Gnade, die Gott euch gegeben hat."

Nur so, durch das Dienen mit der bunten Gnade, bekommen wir Farbe in unsere Kirche und in unser Leben. Da lassen wir uns die

Farbigkeit unseres Lebens nicht nur von Plakaten und von der Mattscheibe servieren, sondern bringen unsere eigenen Farben ins Leben dieser Kirche, dieser Pfarrei ein.
Die bunte Gnade, die Farbigkeit hat jede und jeder von uns von Gott bekommen. So kann jede und jeder sein je eigenes christliches Profil gewinnen. Jeder und jede darf den eigenen Farbtopf einbringen, so originell wie möglich. Dann herrscht in der Kirche nicht mehr klerikales Schwarz vor.
Wenn jemand aus dem Urlaub kommt und sich gut erholt hat, dann sagen wir: „Mensch, du hast aber Farbe bekommen!" Wunderbar, wenn das andere über uns sagen könnten, daß wir gleichsam unser Leben darin profilieren, daß wir Jesu Botschaft mit unserem Leben so mit uns tragen, daß andere über uns sagen können: „Mensch, du hast aber Farbe bekommen!"
„Ohne Profil leben": das ist für uns Christen lebensgefährlich. Ohne Profil werden wir das Leben nicht gewinnen, sondern allenfalls daran vorbeischlittern. Manchmal bedarf es auch bei uns eines „Reifenwechsels" oder einer „Runderneuerung", weil das Profil nicht mehr stimmt. Auch die Profiltiefe muß ab und zu ehrlich geprüft werden, um gleichsam die Bodenhaftung zur Botschaft Jesu nicht zu verlieren.
In humorvoller Weise beschreibt dies die folgende kleine Szene: Auf die Frage des Priesters im Religionsunterricht, warum er in der heiligen Messe bei manchen Gebeten die Arme ausbreitet und die Hände wie Schalen öffnet, soll eine Schülerin geantwortet haben: „Damit Sie nicht das Gleichgewicht verlieren!"
Eben darum muß es uns allen gehen: die Gewichtigkeit des eigenen Ich mit Gott ins Gleichgewicht zu bringen, und zwar so, daß wir das Profil der Botschaft Jesu bewahren.
Wie die je eigene „Runderneuerung" geschehen kann, möchte ich Ihnen jetzt nicht mehr lang und breit schildern. Das brächte vielleicht Sie aus dem Gleichgewicht!

Fürbittendes Gebet

P: Gott hat sich in Liebe zu Jesus und zu allen, die zu ihm gehören, bekannt. Wir alle sind Kinder Gottes. Weil er uns mag, bitten wir:

L: Gott, viele Menschen mögen sich selbst nicht. Sie leiden und tragen schwer an den Problemen ihres Lebens. Laß sie Menschen finden, die zu ihnen in Liebe sagen: „Mensch, ich mag dich!"
A: Laß alle Menschen deine Liebe erfahren.

L: Gott, laß uns an deine Liebe glauben und durch gute Menschen erfahren, daß du uns immer liebst. Laß uns in Freude und Dankbarkeit täglich zu uns selbst sagen: „Mensch, ich mag dich!"
A: Laß alle Menschen deine Liebe erfahren.

L: Gott, laß alle Kinder erfahren, daß sie angenommen sind. Hilf, daß Eltern und Lehrer sie täglich erfahren lassen: „Mensch, ich mag dich!"
A: Laß alle Menschen deine Liebe erfahren.

L: Gott, laß uns in allen Ereignissen unseres Lebens an deine Nähe und Liebe glauben und zueinander sagen: „Mensch, ich mag dich!"
A: Laß alle Menschen deine Liebe erfahren.

P: Gott, laß unsere Träume in deinem Wort geborgen sein, daß du bei uns bist und daß du uns durch Jesus Christus als deine geliebten Kinder angenommen hast. Erhöre uns durch Christus, unseren Herrn.
A: Amen.

Gabengebet (Meßbuch, S. 349, Nr. 5)

Herr und Vater, was wir für dieses heilige Mahl bereitet haben, das nimm gnädig in das Geheimnis deines Sohnes auf. Er ist schuldlos um der Schuldigen willen in den Tod gegangen. Erlöse uns von aller Bosheit und reinige uns durch seine Reinheit. Darum bitten wir durch ihn, Christus, unseren Herrn.

Schlußgebet (Meßbuch, S. 527, Nr. 7)

Unser Gott und Vater, wir danken dir. Du hast uns genährt mit der Speise, die uns stärkt, nur deinem Willen zu folgen. Ist unser Glaube auch schwach und unsere Liebe gering, nimm sie barmherzig an um deines Sohnes willen, der uns zugelassen hat an seinen Tisch, unser Herr Jesus Christus, der mit dir lebt und herrscht in alle Ewigkeit.

Meditation

Ich kenne kein Kreuz,
an dem Christus
so dargestellt ist,
daß er mit seinen Augen
nach oben schaut.
Ich kenne nur Kreuze,
auf denen er
nach unten blickt.

Christus neigt sich
uns zu.
Es wäre ein Leichtes,
zu ihm hochzuschauen.
Nur so können wir
Blickkontakt
mit ihm gewinnen.

Lieder aus dem „Gotteslob"

„Die einen fordern Wunder" (Nr. 548)
„Nahe wollt der Herr uns sein" (Nr. 617)
„Brich dem Hungrigen dein Brot" (Nr. 618)
„Was ihr dem geringsten Menschen tut" (Nr. 619)
„Worauf sollen wir hören" (Nr. 623)

„Brot, das die Hoffnung nährt“

Fronleichnam

Einführende Gedanken

Für bestimmte Anliegen oder gegen bestimmte Vorhaben wird heutzutage oft demonstriert. Demonstranten schreiben dabei ihre Parolen auf Transparente, die nach einer Demonstration oft wieder im Altpapier verschwinden.

An Fronleichnam demonstrieren wir Christen. Wir haben keine Transparente, unsere Demonstration hat gleichsam „Hand und Fuß". Wir weisen darauf hin: Gott schrieb, was er den Menschen sagen wollte, in das Leben und Sterben seines Sohnes Jesus. Er hinterließ uns seine Gegenwart im Zeichen des Brotes.
Unsere De-Monstranz Gottes ist aus Fleisch und Blut, hat gleichsam „Hand und Fuß".
Damit können und sollen wir auf die Straße gehen, weil das, was uns bewegt im Empfang seines Leibes und Blutes, sich in unseren Händen und Füßen auf unsere Mitmenschen hin fortsetzen soll.

Kyrie

Herr Jesus Christus:

– Du bist das Brot für unser Leben. In dir ist Gott mit uns.
Herr, erbarme dich.

– Du hast dich auf uns zu bewegt und dein Leben für uns hingegeben.
Christus, erbarme dich.

– Im heiligen Mahl stärkst du uns und sendest uns aus zu den Menschen.
Herr, erbarme dich.

Oration (Meßbuch, S. 307, Nr. 8)

Gott. Dein Sohn ist zu uns gekommen, nicht um sich bedienen zu lassen, sondern um zu dienen. Gib, daß wir von ihm lernen, wie wir leben sollen. Darum bitten wir durch ihn, Jesus Christus.

Evangelium (Joh 6,53–58)

In jener Zeit sprach Jesus zu den Juden: Amen, amen, das sage ich euch: Wenn ihr das Fleisch des Menschensohnes nicht eßt und sein Blut nicht trinkt, habt ihr das Leben nicht in euch. Wer mein Fleisch ißt und mein Blut trinkt, hat das ewige Leben, und ich werde ihn auferwecken am Letzten Tag. Denn mein Fleisch ist wirklich eine Speise, und mein Blut ist wirklich ein Trank. Wer mein Fleisch ißt und mein Blut trinkt, der bleibt in mir, und ich bleibe in ihm. Wie mich der lebendige Vater gesandt hat und wie ich durch den Vater lebe, so wird jeder, der mich ißt, durch mich leben. Dies ist das Brot, das vom Himmel herabgekommen ist. Mit ihm ist es nicht wie mit dem Brot, das die Väter gegessen haben; sie sind gestorben. Wer aber dieses Brot ißt, wird leben in Ewigkeit.

Ansprache

Wenn mir gesagt würde: „Versuche einmal, in wenigen Sätzen das Wesen Jesu Christi und sein Verhalten zusammenzufassen, und zwar so, daß auch ein Kind es versteht", würde ich antworten: „Jesus hat Gemeinschaft gelebt. Er hat die Menschen zueinander und zu Gott geführt. Durch sein Handeln machte er deutlich, was Gemeinschaft ist, sein kann und sein soll."
Jesus lebte die Gemeinschaft mit seinen Jüngern, die täglich um ihn waren. Von ihr waren sie so bestimmt, daß sie auch später –

nach seinem Tod – als Jüngergemeinde zusammenblieben. Sie nahmen sie mit hinein in das Gedächtnismahl der Eucharistie.
Jesus stellte auch Gemeinschaft her mit denen, die wegen ihrer Krankheit ausgeschlossen und geächtet waren. Die Heilungen der Aussätzigen sind in diesem Zusammenhang zu sehen. Indem er sie heilt, gibt er den Kranken die Möglichkeit, in ihr Dorf, in ihre Familie zurückzukehren und wieder gemeinschaftsfähig zu werden.
Aber nicht nur denen, die ihm ergeben und wohlgesonnen waren, war Jesus ein Freund. Er setzte sich auch für die ein, die aus religiösen, sozialen oder politischen Gründen verachtet waren: Dirnen, Sünder, moralische Versager, hoffnungslose Existenzen, „Randfiguren", die ein rechtgläubiger Jude damals nie und nimmer in seine Gemeinschaft aufgenommen hätte. Wie sehr sich Jesus auf die Seite dieser Leute gestellt hat, zeigt eine große Zahl seiner Worte. Bedauerlich, wie leicht uns heute diese Worte über die Lippen gehen!
Noch viele andere Beispiele wären hier zu nennen: Jesu Verhalten gegenüber den Kindern und Frauen, die religiös nicht ernstgenommen wurden, sein Umgang mit Ungebildeten und Unwissenden, mit den verhaßten Samaritern. Alle diese Szenen seines Lebens stützen und bezeugen die Aussage, daß Jesus ein Mensch war, der Gemeinschaft unter Menschen herstellte, wo immer er auftauchte. Er war bemüht, alle Feindschaft und Zerrissenheit, alle Spaltung und Isolation, alle Diskriminierung und gegenseitige Verteufelung zu überwinden. So wollte er die Menschen seines Volkes zusammenführen. Ganz Israel wollte er für den Anbruch der Gottesherrschaft bereitmachen. Mit allem Nachdruck wandte er sich dabei gegen die, die sich nicht versöhnen, die nicht verzeihen, die Gräben aufreißen und Mauern aufrichten.
Als höchste Form der Gemeinschaft mit ihm und untereinander hinterließ er uns das Vermächtnis der Eucharistie. Ihr Sinn kann nicht treffender ausgesagt werden als mit den paulinischen Worten: „Ist der Kelch des Segens, über den wir den Segen sprechen, nicht Teilhabe am Blut Christi? Ist das Brot, das wir brechen, nicht Teilhabe am Leib Christi? *Ein* Brot ist es. Darum sind wir viele *ein* Leib; denn wir alle haben teil an dem einen Brot" (1 Kor 10,16–17).
Brot ist *das* Zeichen jeder unserer Eucharistiefeiern. Mit Brot haben wir alle unsere Erfahrungen gemacht. Jede/r von uns weiß,

wie Brot schmeckt. Wir wissen, wie es ist, wenn Brot ungenießbar wird. Wir wissen auch, wie es ist, wenn jemand Brot für sich behält – oder wenn er es teilt. Und wir wissen auch, was es heißt, Brot wegzuwerfen.
Brot ist aber auch *das* Zeichen des Lebens. Brot ist das Zeichen für alles, was wir im Leben brauchen. Brot steht als Symbol für Liebe und Geborgenheit. Brot steht für die Erfahrung, daß letztlich doch alles seinen Sinn haben muß. Es steht aber auch als Zeichen der Versöhnung, denn ich teile oder sollte das Brot nur mit demjenigen teilen, mit dem ich auch innerlich Frieden habe.
Solange wir das Brot haben, haben wir das Leben. Das Brot, das wir in jeder eucharistischen Feier bereiten, ist nicht nur zu unserer Verehrung da. Dieses Brot klagt an. Wenn wir jemandem das Brot verweigern, heißt das, wir lassen ihn sterben. Wenn wir jemandem Liebe und Geborgenheit verweigern, heißt das ebenso, daß wir ihn sterben lassen.
Die heilige Hostie, die wir in jeder Eucharistiefeier empfangen dürfen, ist nichts anderes als die zusammengebackene Liebe Gottes für seine Schöpfung. In der Feier der Eucharistie wird Jesus für uns zum Brot des Lebens. Draußen, vor der Kirchentür, müssen wir füreinander Brot des Lebens werden. Wir müssen gut sein wie Brot.
Wenn uns das Evangelium sagt, Jesus ist *das* Brot des Lebens, dann bedeutet das: Er hat sich so auf uns eingelassen, daß er von sich sagen kann: „Mein Leben ist wie Brot. Alles, was ich tue, könnt ihr vom Brot her verstehen. Genau so, wie ihr Brot eßt und davon lebt, so könnt ihr durch mich leben." Kann man das Geheimnis der Eucharistie einfacher ausdrücken?
Und was sagt er weiter? Nicht: „Nehmt und betet mich an – möglichst aus der Ferne", sondern: „Nehmt und eßt." Dabei doziert er nicht; er droht auch nicht. Er sagt: „Komm, und du wirst erfahren, dein Hunger nach Leben wird gestillt, dein Hunger nach Sinn in deinem Leben, dein Hunger nach Anerkennung findet Antwort und Ermutigung. Komm und iß."
Für jede eucharistische Feier gilt: Wir brechen das Brot Jesu Christi – immer wieder von neuem. Oft sind wir es, die viel zerbrechen, zerstören an Liebe und Güte. Wenn wir aber dieses Brot miteinander teilen, dann haben wir Gemeinschaft mit Jesus Christus und untereinander.

Wenn wir oft auch wenig würdig sind, das eucharistische Brot zu empfangen, so können wir doch mit Hoffnung und Zuversicht sprechen: „Wer von diesem Brot ißt, der versucht zu leben in Seinem Geist – immer wieder von neuem, als stetige Einforderung."

Fürbittendes Gebet

P: Herr Jesus Christus, du weißt um unsere unstillbare Sehnsucht nach Leben. Du bist das lebendige Brot, das unsere Hoffnung auf ein Leben in Fülle nährt. Du willst uns Nahrung sein in unserem Hunger nach Leben. Wir bitten dich:

L: Viele hungern nach Frieden und Gerechtigkeit: Sei ihnen Nahrung in Menschen deines Geistes, die mutig Wege der Versöhnung und des Ausgleichs suchen.
A: Christus, höre uns.

L: Viele hungern nach dem täglichen Brot: Sei ihnen Nahrung in Menschen deines Geistes, die ihr Brot mit ihnen teilen.
A: Christus, höre uns.

L: Viele hungern nach einem guten Wort, nach Zuwendung und Zärtlichkeit: Sei ihnen Nahrung in Menschen deines Geistes, die fähig sind zum Gespräch, zu einem zärtlichen Wort, zu liebender Aufmerksamkeit.
A: Christus, höre uns.

L: Viele hungern in der Erfahrung von Arbeitslosigkeit nach Anerkennung ihrer Würde und Wertschätzung: Sei ihnen Nahrung in Menschen deines Geistes, die sie auf der Suche nach Arbeit ehrlich begleiten und sie den Wert ihres Lebens erfahren lassen.
A: Christus, höre uns.

L: Viele hungern nach Sinn und Orientierung für ihr Leben: Sei ihnen Nahrung in Menschen deines Geistes, die Anteil geben an ihrem Leben, um Antworten zu ermöglichen.
A: Christus, höre uns.

L: Viele hungern nach dem Verlust eines Menschen nach Geborgenheit und Trost: Sei ihnen Nahrung in Menschen deines Geistes, die den Weg der Dunkelheit und Trauer aushalten und mit ihnen gehen.

A: Christus, höre uns.

P: Ja, Herr, dich suchen wir. Nach dir dürstet unsere Seele. Nach dir verlangt unser Leib, wie dürres Land ohne Wasser. Laß uns Stärkung erfahren im Empfang deines Leibes, damit wir die Hoffnung bewahren auf die ewige Tischgemeinschaft mit dir und dem Vater und dem Heiligen Geist in Ewigkeit.

A: Amen.

Gabengebet (Meßbuch, S. 348, Nr. 3)

Gott, unser Vater, da wir das Mahl unseres Herrn bereiten, laß uns begreifen, was die Speise seines Lebens war: deinen Willen zu tun. Gib uns den Mut, in sein Opfer einzugehen, auf daß auch uns aus der Hingabe an dich die Kraft zum Leben komme. Darum bitten wir durch ihn, Christus, unseren Herrn.

Schlußgebet (Meßbuch, S. 525, Nr. 2)

Gott, unser Vater, du hast uns gesättigt mit der Speise, die du allein zu geben hast. Laß uns von ihr leben und uns freuen an deiner Huld und Gnade, und laß unsere Freude fruchtbar werden in guten Taten. Darum bitten wir durch Christus, unseren Herrn.

Meditation

EUCHARISTIA
danksagung
vergegenwärtigung
der einmal geschehenen
heilstat
fest

zwischen
gott
und mensch

er gibt sich selbst
teilt sich aus
verschenkt sich
läßt sich ergreifen
kosten
verzehren

was aber
bieten
wir
ihm

Lieder aus dem „Gotteslob"

„Dich will ich rühmen, Herr und Gott" (Nr. 274)
„Tantum ergo" (Nr. 541)
„Sakrament der Liebe Gottes" (Nr. 542)
„Pange, lingua, gloriosi" (Nr. 543)
„Das Geheimnis laßt uns künden" (Nr. 544)
„Lobe, Zion, deinen Hirten" (Nr. 545)
„Gottheit tief verborgen" (Nr. 546)
„Das Heil der Welt, Herr Jesus Christ" (Nr. 547)
„Brich dem Hungrigen dein Brot" (Nr. 618)
„Das Weizenkorn muß sterben" (Nr. 620)
„Dank sei dir, Vater" (Nr. 634)

„Danke ist (k)ein schweres Wort“

Erntedank

Einführende Gedanken

„Haben Sie Probleme mit Ihrer Haut? Dann sind wir für Sie der richtige Partner. Unsere Mittel garantieren Ihnen eine reine Haut.“ So lese ich in einer Zeitschrift zu einer Hautmittelreklame. An einer anderen Stelle lese ich ebenfalls zu diesem Thema, dieses Mal mit Blick auf die Haut des Babies: „Der Schutz fürs Leben. Von Anfang an.“
Ob das wirklich so einfach ist, mit heiler Haut davonzukommen? Das Evangelium von den zehn Aussätzigen vermittelt mir: Es geht nicht nur um ein oberflächliches „Danke“ dafür, daß man mit heiler Haut davongekommen ist, sondern daß wir uns die Begegnung mit Jesus in unserem Danken unter die Haut gehen lassen.
Nur so können wir ihn als Schutz erfahren fürs Leben, von Anfang an, auch an dem Anfang, an dem wir jetzt stehen, wenn wir ihn gleichsam mit dem Aussatz unserer Schuld um sein vergebendes Wort der Heilung bitten.

Kyrie

Herr Jesus Christus:

– Du bist der Herr, dem wir alles verdanken.
Herr, erbarme dich.

– Du bist der Herr, von dessen Liebe wir leben.
Christus, erbarme dich.

– Du bist der Herr, dessen Worte uns öffnen für das Leben und die Geborgenheit in dir.
Herr, erbarme dich.

Oration (Meßbuch, S. 313, Nr. 23)

Gott, unser Schöpfer. Die Gegensätze in der Welt klagen uns an: Reichtum und Not, Hunger und Überfluß, Sorglosigkeit und Leid stehen gegeneinander. Hilf du uns allen, daß wir aufhören, die Gegensätze zu verschärfen, und anfangen, einander Brüder und Schwestern zu sein. Darum bitten wir durch Jesus Christus.

Evangelium (Lk 17,11–19)

Auf dem Weg nach Jerusalem zog Jesus durch das Grenzgebiet von Samarien und Galiläa. Als er in ein Dorf hineingehen wollte, kamen ihm zehn Aussätzige entgegen. Sie blieben in der Ferne stehen und riefen: Jesus, Meister, hab Erbarmen mit uns! Als er sie sah, sagte er zu ihnen: Geht, zeigt euch den Priestern! Und während sie zu den Priestern gingen, wurden sie rein. Einer von ihnen aber kehrte um, als er sah, daß er geheilt war; und er lobte Gott mit lauter Stimme. Er warf sich vor den Füßen Jesu zu Boden und dankte ihm. Dieser Mann war aus Samarien. Da sagte Jesus: Es sind doch alle zehn rein geworden. Wo sind die übrigen neun? Ist denn keiner umgekehrt, um Gott zu ehren, außer diesem Fremden? Und er sagte zu ihm: Steh auf und geh! Dein Glaube hat dir geholfen.

Ansprache

„Wie geht's?" Fast täglich werden wir so gefragt. Manch eine/r hilft sich mit einer Verlegenheitsantwort: „Danke, man/frau lebt." So nichtssagend wie die Frage oft gemeint ist, soll auch die Antwort ausfallen. Ein Höflichkeitsabtausch; mehr steckt nicht hinter dem Frage- und Antwortspiel, obwohl es doch gar nicht so selbstverständlich ist, daß man/frau lebt.

„Danke“ – das Wort klingt aus manchem Mund wie eine lästige Pflichterfüllung oder eine schnell dahingesagte Floskel. Es ist zu einer Münze ohne Wert geworden. In einer Welt, in der sich (zu) vieles um Mark und Pfennig dreht, heißt es sogar über das „Danke“: „Dafür kann ich mir nichts kaufen!“ Wir wollen niemandem zu Dank verpflichtet sein. So werden dann anläßlich einer Festlichkeit (Kommunion, Konfirmation, Hochzeit, Silberhochzeit) alle Geschenke fein säuberlich auf einer Liste festgehalten, damit wir wissen, was wir dem Schenkenden schuldig sind, wenn es bei ihm oder ihr mit diesem Fest auch so weit ist, getreu nach dem Motto: „Ich möchte niemandem zu Dank verpflichtet sein.“

Ein modernes, bissiges Erntedank„gebet“, das in unseren Breitengraden nach der guten Ernte eines Jahres formuliert wurde, lautet: „Allmächtiger, warum hast du uns Weizen und Fleisch im Überfluß geschenkt und auch den Wein so reichlich über die Rebstöcke ausgeteilt? Wie, denkst du, sollen wir nur die Preise halten bei so viel Fruchtbarkeit?“

Was in diesem Text so ironisch ausgedrückt ist, ist in den Staaten der europäischen Wirtschaftsgemeinschaft oft bittere Wirklichkeit. Hier hören wir oft genug Jammergesänge über zu viel Fruchtbarkeit, nicht aber tiefen, echten Dank für eine gute Ernte. Da werden, so irrsinnig es klingt, Millionen dafür ausgegeben, zu reichliche Ernten zu vernichten, um – wie gesagt wird – die Preise stabil halten zu können. Zu große Getreideernten werden zu Viehfutter verarbeitet, obwohl in anderen Teilen der Erde Menschen nach Getreide hungern.

Kardinal Joseph Ratzinger erläuterte einmal, daß Dankbarkeit das Gedächtnis des Herzens ist und der Verlust der Dankbarkeit auf einer Abstumpfung des Herzens beruht. Ich denke, daß diese Aussage stimmig ist. Wer aus dem Herzen dankt, der denkt nach, der denkt nach über die Dinge, die er sich selbst nicht zu verdanken hat. Solches Danken und Nachdenken, das letztlich zu Gott führt, ist nicht Glückssache, wohl aber lernbar. Es ist lernbar für den, der noch alles „be-denken“ kann. Er/sie bedenkt dann, daß ein gefüllter Tisch nicht selbstverständlich ist, daß es – trotz aller menschlichen und technischen Leistungen – immer noch etwas Wunderbares ist, das Wachsen und Gedeihen der Früchte zu erleben. Er/sie bedenkt, wenn er/sie täglich aufsteht, daß er/sie lebt,

sprechen, sich bewegen kann, arbeiten darf; er/sie bedenkt und dankt, so seltsam es klingen mag, auch für Enttäuschungen, weil sie vor Täuschungen bewahren.
Es gibt vieles, was für uns zur Ernte eines Tages und eines Jahres gehört. Dazu gehört das Lächeln, das wir irgendwo gepflückt haben, die Garben unserer ertragenen Leiden, die Sorgen, die wir mit anderen geteilt haben, die Freude, die wir spürten im Zusammensein mit anderen, der Friede, den wir einander schenken durften, auch dadurch, daß der Mut zu einer Entschuldigung da ist. Viele edle Früchte gehören zur Ernte eines Jahres, eines Tages, eines Lebens. Wer sie wirklich be-denkt, der findet auch zu Dank, der findet zu jener Dankbarkeit, die zu Gott führt.
Wer mit dem Gedächtnis des Herzens dankt, für den bleibt es nicht bei der Floskel: „Danke, man/frau lebt", sondern er/sie findet zum „Danke, Herr, daß ich lebe". Sollte es wirklich nur noch den Bauern, die den Ackerboden bestellen, bewußt sein, daß weder Mähdrescher noch Kunstdünger noch Fleiß und Schweiß allein eine gute Ernte ermöglichen? Vielleicht wird ihnen bewußter als uns, daß auf ihren Maschinen zwar die Namen ihrer Konstrukteure stehen, auf jedem Weizenkorn aber gleichsam unsichtbar der Name Gottes steht, der jedem Korn das Leben gibt.
Eine der vielen afrikanischen Sprachen übersetzt das Wort „danke" mit „rückwärtsschauen". Diese Übersetzung kann uns den Weg zur Dankbarkeit zeigen. Zum Danken kommt, wer zurückschaut und überdenkt, wie alles geworden ist. Damit könnte für uns der Anstoß verbunden sein, in unserem Leben gleichsam zu Hellsehern und -seherinnen zu werden. Ich meine damit nicht etwa ein Zukunftdeuten aus dem Kaffeesatz oder sonstigen Abgründen, sondern den Anstoß, in unserem Leben nicht zuerst „schwarz zu sehen", sondern das Helle zu erblicken. Wir erwarten oft überwältigende Ereignisse, die uns Dank abnötigen. Solche Erwartungen, die immer nur aufs Ganze gehen, übersehen und verlieren die kleinen Momente, die uns einfach so am Wege des Tages begegnen. Für diese kleinen Dinge feinfühlig zu werden, läßt uns auch nicht die großen Geschenke übersehen. Was unsere Kirchen brauchen – vielleicht heutzutage ganz besonders stark –, sind Hellseher und -seherinnen: Menschen, die in den Ritzen des Alltags das Dankenswerte in ihrem Leben erspüren. Solche Menschen sind auch in anderem Sinne Hellseher.

Sie erfahren und erkennen in allem Dankenswerten des eigenen Lebens das, was sie endgültig erwartet: eine im letzten gute Zukunft in dem, der unser Leben endgültig gut vollenden wird. „Wie geht's Ihnen?", so fragte ich eingangs. Wer das scheinbar so Selbstverständliche wirklich mit dem Herzen bedenkt, der spürt, daß er nicht nur dafür danken kann, „daß man/frau lebt", sondern daß er/sie vor der Frage steht, wie sie Paulus seinen Korinthern stellt: „Was hast du, was du nicht empfangen hast?" Wo ich vom Gedächtnis meines Herzens her bedenke, was ich empfangen habe, da spüre ich und vielleicht auch viele von Ihnen, daß ich auf die Frage: „Wie geht es dir?" auch antworten kann: „Besser, als es mir zusteht."

Fürbittendes Gebet

P: Guter Gott, die Früchte vor dem Altar sind Zeichen unseres Dankes für das tägliche Brot, das du uns schenkst. Du hältst unser Leben in deiner Hand. Du bist bei uns mit deiner Liebe. Du erhältst uns mit deinem Segen. So dürfen wir dich bitten:

L: Für die Kirche: daß der Geist der Dankbarkeit nie unter uns Christen nachläßt.
A: Wir bitten dich, erhöre uns.

L: Für die Völker der Erde: daß du ihnen Wege des Friedens zeigst und sie auf den Weg der Gerechtigkeit führst.
A: Wir bitten dich, erhöre uns.

L: Für die Hungernden und Notleidenden in der Welt: daß wir den Mut finden, den Ertrag unserer Arbeit mit ihnen zu teilen, und so ein Zeichen der Hoffnung geben.
A: Wir bitten dich, erhöre uns.

L: Für alle Arbeitslosen in unserem Land: daß sie Menschen finden, die ihnen beistehen und ihnen Wege öffnen, die sie ihr Leben als hoffnungsvoll und wertvoll erfahren lassen.
A: Wir bitten dich, erhöre uns.

L: Für uns in unserer Gemeinde: daß wir für alles scheinbar Selbstverständliche danken lernen, das uns im Gespräch, in der Erfahrung des Verständnisses füreinander, in kleinen Hilfen vom Nächsten geschenkt wird.
A: Wir bitten dich, erhöre uns.

L: Für unsere Verstorbenen: daß sie nach der Ernte ihres Lebens den Reichtum deiner Güte erfahren.
A: Wir bitten dich, erhöre uns.

P: Gütiger Gott, du bist für uns da und läßt uns täglich neu deine Liebe erfahren. Hilf uns zum wahren Dank, in dem wir das Gute weitergeben, das du uns schenkst. Darum bitten wir durch Christus, unseren Herrn.
A: Amen.

Gabengebet (Meßbuch, S. 348, Nr. 2)

Gott, unser Vater, wir treten mit dem Opfer des Lobes vor dein Angesicht. Gewähre, daß ER, der bei uns sein wird mit dem Geheimnis seines Todes, unser träges Herz ergreife und uns löse von unserer Selbstbefangenheit. Darum bitten wir durch ihn, Christus, unseren Herrn.

Schlußgebet (Meßbuch, S. 528, Nr. 10)

Gütiger Gott, die heilige Speise, die wir empfangen haben, durchdringe uns mit ihrer Kraft. Sie vertiefe unseren Glauben, mache stark unsere Hoffnung und entzünde unsere Herzen zu Werken der Liebe. Laß das göttliche Leben, das du uns geschenkt hast, sich entfalten und Frucht bringen für das ewige Leben. Darum bitten wir durch Christus, unseren Herrn.

Segensgebet

Wir kehren in unsere Häuser zurück, und Gottes Segen geht mit uns.
Wie eine Mutter morgens ihre Kinder in den Tag schickt, so entläßt uns Gott in seine Schöpfung.
Die Weisheit unseres Gottes erfülle unsere Seele mit Lobgesang.
Die heilende Kraft Jesu gebe uns immer wieder Mut, seinen Weg der helfenden und heilenden Nähe zu gehen.
Der Atem Gottes belebe uns und schenke uns erleuchtete Augen des Herzens.

Meditation

die stadt auf dem berge
das salz in der suppe
die perle im acker
das licht auf dem scheffel
der sand in den mühlen

nicht unübel
diese himmlischen parolen
die einer sagte
vor zweitausend jahren
aber
ich bitte sie
meine herren und damen
doch nichts mehr
für uns
und unsere
aufgeklärte zeit
keine slogans mehr
für heute
schließlich
und endlich
man hat sich doch
eingerichtet
im getriebe der welt

Lieder aus dem „Gotteslob"

„Erfreue dich, Himmel" (Nr. 259)
„Singt das Lied der Freude" (Nr. 272)
„Dreifaltiger verborgner Gott" (Nr. 279)
„Danket dem Herrn" (Nr. 281)
„Höchster, allmächtiger, guter Herr" (Nr. 285)
„Herr, deine Güt ist unbegrenzt" (Nr. 289)
„Gott liebt diese Welt" (Nr. 297)

„Von Perle zu Perle“

Rosenkranzfest

Einführende Gedanken

In einem kleinen Gedicht von Heinz Erhardt heißt es:
„Die Rathausuhr geht unentwegt
und ist auch immer aufgeregt,
weil – ist sie auch schon hochbetagt –,
sie innerlich die Unruh plagt –,
was sich auf uns dann überträgt ...“

Die „Uhrsache“ hat Heinz Erhardt dieses kleine Gedicht überschrieben.
Die Uhr: sie ist das Maß unserer Zeit; sie wird oft zum Tyrann über unser Leben. Die Unruhe, die sie in sich hat, überträgt sich auf uns, so daß wir oft gar nicht mehr fähig werden, den Augenblick oder den rechten Zeitpunkt für etwas wahrzunehmen.
Wie oft sind wir immer schon bei den nächsten Dingen, die noch zu erledigen sind, und sind dann schließlich selbst ganz „erledigt“.
In einer Geschichte heißt es, daß Leute aus der Stadt zu einem alten Mönch kamen. Die Stadtleute wunderten sich, daß dieser Mann so völlig ohne Hetze in sich ruhte und eine große Ruhe ausstrahlte. Sie fragten ihn, wie ihm das gelinge. Der alte Mönch antwortete: „Wenn ich sitze, dann sitze ich; wenn ich stehe, dann stehe ich; wenn ich laufe, dann laufe ich.“ Die Frager entgegneten ihm: „Aber das tun wir doch auch!“ Worauf der Mönch ihnen antwortete: „Nein, das ist nicht so bei euch. Wenn ihr sitzt, dann steht ihr schon; wenn ihr steht, dann lauft ihr schon; und wenn ihr lauft, dann seid ihr schon am Ziel.“
Eines Tages kam einer, vor etwa zweitausend Jahren, der hatte

Zeit und nahm sich Zeit, der hatte einen wachen Blick für das, was gerade jetzt wichtig war, worauf gerade jetzt Menschen warteten. Und er sah das nicht als verlorene Zeit an: Jesus von Nazaret, der uns auch im Versagen unserer Zeit mit dem Wort seiner Vergebung jetzt zu einer größeren Fülle des Lebens führen möchte.

Kyrie

Herr Jesus Christus:

- Die vielen kleinen Sorgen und Schwierigkeiten des Alltags lassen uns oft den großen Plan Gottes übersehen.

- Wir schieben Entscheidungen vor uns her und anderen zu, statt selbst einen klaren Standpunkt zu beziehen.

- Ohne dem/der anderen richtig zugehört zu haben, haben wir oft schon das Urteil über ihn/sie gefällt.

Oration (Meßbuch, S. 305, Nr. 2)

Gott. Du hast uns geschaffen – doch wir kennen dich kaum. Du liebst uns – und doch bist du uns fremd. Offenbare dich deiner Gemeinde. Zeig uns dein Gesicht. Sag uns, wer du bist und was du für uns bedeutest. Lehre uns dich erkennen, dich verstehen, dich lieben. Darum bitten wir durch Jesus Christus.

Evangelium (Mt 21,33–44)

In jener Zeit sprach Jesus zu den Hohenpriestern und den Ältesten des Volkes: Hört noch ein anderes Gleichnis: Es war ein Gutsbesitzer, der legte einen Weinberg an, zog ringsherum einen Zaun, hob eine Kelter aus und baute einen Turm. Dann verpachtete er den Weinberg an Winzer und reiste in ein anderes Land. Als nun die Erntezeit kam, schickte er seine Knechte zu den Winzern, um seinen Anteil an den Früchten holen zu lassen. Die

Winzer aber packten seine Knechte; den einen prügelten sie, den andern brachten sie um, einen dritten steinigten sie. Darauf schickte er andere Knechte, mehr als das erstemal; mit ihnen machten sie es genauso. Zuletzt sandte er seinen Sohn zu ihnen; denn er dachte: Vor meinem Sohn werden sie Achtung haben. Als die Winzer den Sohn sahen, sagten sie zueinander: Das ist der Erbe. Auf, wir wollen ihn töten, damit wir seinen Besitz erben. Und sie packten ihn, warfen ihn aus dem Weinberg hinaus und brachten ihn um. Wenn nun der Besitzer des Weinbergs kommt: Was wird er mit solchen Winzern tun? Sie sagten zu ihm: Er wird diesen bösen Menschen ein böses Ende bereiten und den Weinberg an andere Winzer verpachten, die ihm die Früchte abliefern, wenn es Zeit dafür ist. Und Jesus sagte zu ihnen: Habt ihr nie in der Schrift gelesen: Der Stein, den die Bauleute verworfen haben, er ist zum Eckstein geworden; das hat der Herr vollbracht, vor unseren Augen geschah dieses Wunder? Und wer auf diesen Stein fällt, der wird zerschellen; auf wen der Stein aber fällt, den wird er zermalmen. Darum sage ich euch: Das Reich Gottes wird euch weggenommen und einem Volk gegeben werden, das die erwarteten Früchte bringt.

Ansprache

Janusz Korczak, ein polnischer Arzt und Pädagoge aus Leidenschaft, erzählt in seinem Buch „Wie man ein Kind lieben soll" von einem Jungen, der ihm unter all den schwierigen Kindern ganz besonders viel Mühe bereitete, ja ihn zuweilen in tiefe Selbstzweifel führte.

Dieser Junge stammte aus einem Milieu, in dem Rücksichtslosigkeit, Vertrauensmißbrauch, Gefühlskälte und Demütigung an der Tagesordnung waren. Lange Zeit wehrte er die so gut gemeinte Fürsorge brüsk ab, sträubte sich gegen jeden noch so leisen Versuch der Annäherung des Arztes und all seiner Hausgenossen. Er erwies sich als unfähig, zu irgend jemand positive Kontakte aufzunehmen; die einzige ihm mögliche Form der Beziehung war, andere zu ärgern, zu quälen, zu zerstören, was ihnen lieb war.

Erst die absichtslose, beharrliche, wohlwollende Zuwendung des Arztes bewirkte – mühsam und mit vielen Rückschritten und Rückschlägen verbunden – einen allmählichen Wandel. Der Junge baute langsam seine Abwehr ab; er wurde fähiger, Zuwendungen anzunehmen. Ganz allmählich kam er dazu, die Bedürfnisse anderer zu erspüren und darauf einzugehen. In dem Maße, wie er die Liebe des Arztes an sich heranließ, blühte er auf, entfalteten sich seine geistigen und körperlichen Fähigkeiten, entwickelte er selbst seine Fähigkeit, anderen in Liebe zu begegnen.

Gewiß ist dieses Beispiel aus der Praxis eines Erziehers extrem. Es zeigt aber, daß die Möglichkeit, geliebt zu werden, ganz wesentlich abhängt von der Fähigkeit, selbst auf die Liebe eines anderen einzugehen. Sich lieben lassen heißt nicht, Liebe zu verkonsumieren, also passiv die Zuneigung eines anderen über sich ergehen zu lassen. Sich lieben lassen ist nichts Passives, sondern etwas ungeheuer Dynamisches: es heißt, sich verwandeln zu lassen zu eigener Liebe, sich auf einen Weg mitnehmen zu lassen, sich mitreißen, begeistern zu lassen, letztlich sich verwandeln zu lassen zu eigener Liebesfähigkeit.

Wenn ich mir das heutige Evangelium anschaue, dann ist diese menschliche Grunderfahrung auf die Beziehung von Gott und Mensch bezogen. Im Gleichnis von den bösen Winzern wird deutlich, daß Gott trotz aller Enttäuschungen dem Menschen immer wieder in Liebe nachgeht. Der Weinbergbesitzer, so drückt es das Bild aus, läßt mit seinen Boten sogar Schindluder treiben, statt mit der Faust auf den Tisch zu schlagen. Er macht immer neue Versuche, zeigt immer neu ein Zeichen seiner Liebe, schließlich sogar in der Sendung seines eigenen Sohnes. Aber diese Liebe wird nicht verstanden, nicht angenommen; sie wird radikal abgewiesen.

Das Evangelium hinterfragt damit unsere Fähigkeit, uns von Gott lieben zu lassen, das heißt unsere Fähigkeit, uns auch von dieser Liebe verwandeln zu lassen, mitreißen zu lassen, sich begeistern zu lassen.

Wir spüren doch oft, wie schwer es uns fällt, auf diese Liebe zu antworten, uns von dieser Liebe verwandeln zu lassen. Und wie könnten wir dazu fähig werden? Wie könnten wir gleichsam Gottes Geliebte/r werden im doppelten Sinn: als der/die, der/die spürt, daß er/sie geliebt ist, und als der/die, der/die mit Liebe darauf antwortet?

Was beten Sie eigentlich am liebsten? „Nanu", wird jetzt vielleicht manch eine/r denken, „was hat denn diese Frage mit der vorhergehenden zu tun?" Ich denke vieles, aber lassen Sie mir zur Beantwortung noch etwas Zeit.
Beten Sie vielleicht gern den Rosenkranz? Auf den heutigen Tag fällt das Rosenkranzfest. Gerade der Monat Oktober soll ja für uns Anstoß sein, die Vorzüge dieses Gebetes zu erkennen.
Das ist mir ein Anstoß, Ihnen gerade mit diesem Gebet eine Möglichkeit anzudeuten, um zur Fähigkeit hinzufinden, die werbende Liebe Gottes tiefer zu erkennen, anzunehmen und ihre verwandelnde Kraft im eigenen Leben fruchtbar werden zu lassen.
Beim Rosenkranz habe ich ja tatsächlich etwas in der Hand, wenn ich ihn in die Hand nehme. Ich habe es in der Hand, die Botschaft von der Liebe Gottes in mich hineinzulassen. Und das geschieht gerade in diesem Gebet nicht zuerst mit dem Kopf, sondern mit dem Herzen. Deshalb kann ich den Worten zustimmen: „Es gibt viele Wege zu Gott. Einer – und nicht der schlechteste – ist der Weg am ‚Gnadenseil Marias'."
Durch das wiederholende Beten werden wichtige Wege des Glaubens vertieft. Und vertiefen möchte das Rosenkranzgebet gerade die Haltung Marias. Hier liegt die große Möglichkeit, einen Weg zu finden, sich verwandeln zu lassen von Gottes Liebe. Ich bete mich gleichsam in die Haltung Marias ein. Romano Guardini hat das einmal in einem treffenden Wort charakterisiert: „Der Rosenkranz bedeutet das Verweilen in der Lebenshaltung Marias, deren Inhalt Jesus Christus ist." Was aber meint das Verweilen in der Lebenshaltung Marias? Es bedeutet, mit ihren Augen zu sehen, mit ihrem Herzen zu denken, von der eigenen Wichtigkeit Abschied zu nehmen, Werkzeug Gottes zu sein.
Verweilen in der Lebenshaltung Marias meint, sich betend an der richtigen Lebensschnur entlangzutasten, die von einer Perle zur nächsten führt.
An den ersten drei Perlen des Rosenkranzgebetes fügen wir oft die Bitten ein:
– der in uns den Glauben vermehre,
– der in uns die Hoffnung stärke,
– der in uns die Liebe entzünde.
Verweilen in der Lebenshaltung Marias, das heißt, sich besonders in diese drei wesentlichen Grundhaltungen einzubeten.

Glauben vermehren:
Mit Maria betend lernen, wie man richtig fragt. Das erste Wort der Gottesmutter in der Heiligen Schrift ist eine Frage: „Wie soll das geschehen?"
Sie stellt nicht fest: „Das ist unmöglich." Sie fragt auch nicht: „Ist das nicht unmöglich?" Sie bleibt in ihrem Fragen offen für die größeren Möglichkeiten Gottes. Im Rosenkranzgebet gehen wir gleichsam bei Maria in die Schule. Wir lernen, richtig zu fragen. Wo ich mich in diese Lebenshaltung Marias einbete, da spüre ich, daß ich auch in der Begegnung mit einem Menschen, der mir zur Last wird, nicht einfach sagen kann: „Der ist unmöglich; da läßt sich nichts machen. Hopfen und Malz verloren!"
Ich lerne, richtig zu fragen: „Herr, wie ist es möglich, daß ich zu dir finde?" So bleibe auch ich für die größeren Möglichkeiten Gottes offen. Wo ich so offen bleibe, geschieht das, was wir mit Vermehrung des Glaubens umschreiben.

Hoffnung stärken:
Mit Maria betend lernen, wie man ja sagt, ja sagt zum Willen Gottes: „Mir geschehe, wie du es gesagt hast." Verweilen in der Lebenshaltung Marias, das heißt dann: dieses Ja einer vorbehaltlosen Hingabe lernen, auch in Krankheit und Leid, und so die größte Hoffnung in Gott zu finden.

Liebe entzünden:
Mit Maria betend lernen, das zu tun, was er gesagt hat. Das letzte Wort Marias steht bereits in der Geschichte von der Hochzeit zu Kana: „Alles, was er euch sagt, das tut." Finger, die den Rosenkranz halten, machen Fingerübungen für die liebende Tat. Sie drücken sich nicht daran vorbei.
Wo Menschen auf diese Weise betend in der Haltung Marias verweilen, da werden sie gleichsam selbst zu Perlen, die am Band der Liebe aufgereiht sind.
Es gibt doch kein schöneres Kompliment, als wenn wir Menschen, die in der Haltung Marias verweilen und so auf die Liebe Gottes eingehen, mit den Worten charakterisieren: „Das ist wirklich eine Perle."

Fürbittendes Gebet

P: Guter Gott, dein sind die Zeiten, unsere Tage und Jahre. Sie sind Geschenk aus deinen Händen. Unsere Zeit ist auch erfüllt von Bedrängnissen und Sorgen. So bitten wir dich:

L: Fülle unsere Tage mit deiner Gegenwart, und mache uns ruhig und gelassen, damit unsere Umgebung spürt, daß wir unsere Zeit mit dir teilen.
A: Christus, höre uns.

L: Gib uns Zeit zum Verschenken an kranke, an einsame und alte Menschen, an suchende und fragende Menschen, an alle Menschen, die unserer Nähe bedürfen.
A: Christus, höre uns.

L: Schenke den friedlosen Menschen und Völkern dieser Erde den wahren Frieden, den sie sich selbst nicht geben können.
A: Christus, höre uns.

L: Laß alle Pläne unseres Lebens von deinem Wort bestimmt sein, damit wir uns lösen aus jeder Form der Gefangenschaft in uns selbst und frei werden für dein Geschenk des Lebens in Fülle.
A: Christus, höre uns.

L: Sei allen nahe, die in dieser Stunde ihr Leben in deine Hand zurückgeben, und nimm sie auf in deine unbegrenzte Ewigkeit.
A: Christus, höre uns.

P: Guter Gott, von deinem Sohn Jesus Christus heißt es, daß manches nicht geschehen konnte, weil seine „Stunde" noch nicht da war. Als die „Stunde" kam, gab es für ihn kein Ausweichen und kein Zurück. Mach auch uns fähig, unsere Stunde zu erkennen, wann immer sie für uns und für andere wichtig ist. Darum bitten wir durch Christus, unseren Herrn.
A: Amen.

Gabengebet (Meßbuch, S. 349, Nr. 6)

Herr, unser Gott, die Gaben, die wir bereitet haben, sind Zeichen unserer Hingabe an dich. Darum bitten wir: Wie Brot und Wein in der Kraft des Geistes geheiligt werden, so heilige auch uns selbst immer mehr nach dem Bilde unseres Herrn Jesus Christus, der mit dir lebt und herrscht in alle Ewigkeit.

Schlußgebet (Meßbuch, S. 528, Nr. 10)

Gütiger Gott, die heilige Speise, die wir empfangen haben, durchdringe uns mit ihrer Kraft. Sie vertiefe unseren Glauben, mache stark unsere Hoffnung und entzünde unsere Herzen zu Werken der Liebe. Laß das göttliche Leben, das du uns geschenkt hast, sich entfalten und Frucht bringen für das ewige Leben. Darum bitten wir durch Christus, unseren Herrn.

Meditation

ich habe dich noch nicht
erreicht
ich bin noch unterwegs
ich folge deiner spur im sand
wenn auch oft
der wind sie mir verweht
du aber hast mich ergriffen
du läßt nicht von mir los
um zu geben deine liebe
übergroß
so streck ich mich dir
entgegen
mit händen
geöffnet für dich
damit du sie füllest
mit neuer zuversicht
was hinter mir liegt
will ich vergessen

ich weiß
deine treue siegt
öffnen will ich mich für das
was du mir zugedacht
bin ich auch oft gestrandet
auf straßen
die nicht zu dir führn
hab ich doch
ein ziel vor den augen
hat sich ein spalt geöffnet
von meiner lebenstür
trotz allem wenn und aber
geb ich mich ganz dir hin
weil du
als mein vater
mich gern
als dein kind
annimmst
ich weiß
daß du an mich denkst
und bestimmt hast
zur himmlischen berufung
die du uns
in IHM geschenkt

Lieder aus dem „Gotteslob“

„Gruß dir, Mutter, in Gottes Herrlichkeit“ (Nr. 586)
„Maria, sei gegrüßt“ (Nr. 590, Strophen 1 – 5,
und Nr. 592, Strophen 1 – 5)
„Königin im Himmelreich“ (Nr. 593)

„Maria – Mutter des Lebens“

Wallfahrt

Beginn der Wallfahrt in der Heimatkirche

Eröffnung

Im Namen des Vaters und des Sohnes und des Heiligen Geistes. Amen.

Einstimmung

Verantwortung für das Leben zu übernehmen ist die Aufgabe der gesamten Menschheit wie jedes einzelnen von uns. Als Christen fühlen wir uns dabei besonders angesprochen.
In jeder Eucharistie feiern wir Ostern: die Geburt des Lebens aus dem Tod. Trotzdem leben wir immer noch in einer Welt, die unheil ist. Wir lieben diese Erde. Dennoch zerstören wir sie auf vielfältige Weise. Wir können in der uns von Gott geschenkten Freiheit „ja" oder „nein" zum Leben sagen. Darin liegt unsere Würde und unsere Gefährdung.
Gerade wir Frauen fühlen uns dem Leben gegenüber besonders verpflichtet, sind doch wir es, die Leben empfangen und gebären.
So ist uns der Schutz des Lebens in all seinen Bereichen, von der Geburt bis zum Tod, wie auch die Verwirklichung unseres Traumes von Gerechtigkeit, Frieden und Bewahrung der Schöpfung ein wichtiges Anliegen.
Deshalb machen wir uns heute auf den Weg, um unsere Sorgen und Nöte Maria, der Mutter des Lebens, in Gebet und Gottesdienst zu sagen.

Lied

„Gegrüßet seist du, Königin"
(Gotteslob, Nr. 573, Strophen 1, 3 – 5)

Gemeinsames Angelus-Gebet

V: Der Engel des Herrn brachte Maria die Botschaft,
und sie empfing vom Heiligen Geist.
Gegrüßet seist du, Maria ...
A: Heilige Maria ...

V: Maria sprach: Siehe, ich bin die Magd des Herrn;
mir geschehe nach deinem Wort.
Gegrüßet seist du, Maria ...
A: Heilige Maria ...

V: Und das Wort ist Fleisch geworden
und hat unter uns gewohnt.
Gegrüßet seist du, Maria ...
A: Heilige Maria ...

V: Bitte für uns, heilige Gottesmutter,
A: daß wir würdig werden der Verheißung Christi.

V: Lasset uns beten. – Allmächtiger Gott, gieße deine Gnade in unsere Herzen ein. Durch die Botschaft des Engels haben wir die Menschwerdung Christi, deines Sohnes, erkannt. Laß uns durch sein Leiden und Kreuz zur Herrlichkeit der Auferstehung gelangen. Darum bitten wir durch Christus, unsern Herrn.
A: Amen.

Aufbruch

V: Lasset uns gehen in Frieden.
A: Im Namen Christi. Amen.

Auf dem Weg zur ersten Station

Im Rosenkranz betrachten wir das Leben Marias, der Mutter unseres Herrn Jesus Christus. Zu Beginn nennen wir unser Anliegen. Dann beten wir gemeinsam ein Gesätz.

Gebetsanliegen

Maria gibt ihr Ja-Wort. Dieses Ja macht sie zur Mutter, zur Mutter des Lebens.
Im Vertrauen auf ihre Hilfe und Fürsprache sind auch wir bereit, unsere persönliche Lebenssituation anzunehmen und die uns gestellten Aufgaben zu erfüllen.

Gesätz des Rosenkranzes

Gegrüßet seist du, Maria …
– dessen Mutter du durch dein Ja-Wort geworden bist.

Lied

V: 1. Dich loben die Heiligen Gottes.
A: Maria …
Dich lobet die Kirche auf Erden.
A: Maria …

V/A: Mutter Gottes, wir rufen zu dir!

V: 2. Du Mutter der göttlichen Gnade.
A: Maria ...
Du Mutter des Herrn und Erlösers.
A: Maria ...
Du Mutter des gläubigen Volkes.
A: Maria ...

V/A: Mutter Gottes, wir rufen zu dir!

V: 3. Du Zuflucht und Trost für uns Sünder.
A: Maria ...
Du unsere Hoffnung auf Frieden.
A: Maria ...
Du Ursache unserer Freude.
A: Maria ...

V/A: Mutter Gottes, wir rufen zu dir!

V: 4. Du Gnade des Herrn bei den Menschen.
A: Maria ...
In dir jauchzen Himmel und Erde.
A: Maria ...
Du Spiegel der göttlichen Weisheit.
A: Maria ...

V/A: Mutter Gottes, wir rufen zu dir!

V: 5. Du mächtige Festung des Glaubens.
A: Maria ...
Du Schutzmantel aller Bedrängten.
A: Maria ...
In dir ist die Kirche geborgen.
A: Maria ...

V/A: Mutter Gottes, wir rufen zu dir!

V: 6: Du leuchtendes Vorbild der Reinheit.
A: Maria ...
Du Urbild der Würde des Menschen.
A: Maria ...
Du strahlst über alle Gerechten.
A: Maria ...

V/A: Mutter Gottes, wir rufen zu dir!

V: 7. Du Hilfe der mutlosen Pilger.
A: Maria ...
Du rettender Anker der Hoffnung.
A: Maria ...
Du führst uns ins Land der Verheißung.
A: Maria ...

V/A: Mutter Gottes, wir rufen zu dir!

Gebetsanliegen

Maria gebiert das Kind. Sie nimmt es in seiner Hilflosigkeit an. Im Vertrauen auf ihre Hilfe und Fürsprache sind auch wir bereit, unsere Kinder immer wieder neu anzunehmen und zu lieben.

Gesätz des Rosenkranzes

Gegrüßet seist du, Maria ...
– den du als Kind in seiner Hilflosigkeit angenommen hast.

Lied

„O Maria, sei gegrüßt"
(Gotteslob, Nr. 582, Strophen 1 – 3)

Erste Station
Maria – du Mutter des Lebens

Biblische Einführung

Der Engel des Herrn bringt Maria die Botschaft: Sie soll Mutter des Erlösers werden. Maria fragt: „Wie kann das geschehen, da ich keinen Mann erkenne?" Die Antwort des Engels ist von tiefer Bedeutung. Sie fordert den ganzen Glauben und die volle Entschiedenheit Marias.

Der Engel verkündet ihr: „Der Heilige Geist ist es, der dich Mutter werden läßt."
Daraufhin gibt Maria ihr großartiges und entschiedenes Jawort: „Siehe, ich bin die Magd des Herrn; mir geschehe nach deinem Wort."

Betrachtung

Mit ihrem Jawort übernimmt Maria die Verantwortung für das Leben des Gottessohnes. Verantwortung für das Leben zu übernehmen ist auch heute noch die Aufgabe der gesamten Menschheit wie jedes einzelnen von uns.
Dennoch können in unserem Land viele Kinder nicht zur Welt kommen. Wir fragen nach dem Warum.

- Es fällt auf, daß in der öffentlichen Diskussion viel über den Schwangerschaftsabbruch gesprochen wird. Kaum oder gar nicht wird die Situation der Frau, die im Schwangerschaftskonflikt steht oder die bereits abgetrieben hat, in den Blick genommen.

- Es fällt auf, daß die Frage von Verantwortung und Schuld oft zu sehr auf die betroffene Frau zugespitzt wird. Von den beteiligten Männern ist häufig nicht die Rede.

- Es fällt auf, daß wir Christen kaum Frauen in diesen Nöten kennen. Finden sie in unseren Gemeinden keine Gesprächspartner und -partnerinnen? Kennen wir ihr Leid nicht? In der Bundesrepublik Deutschland werden jährlich zwischen 200.000 und 300.000 Abtreibungen vorgenommen. Diese geschehen auch in unseren Gemeinden.

Stille

Erinnern wir uns an den reichen Fischfang, von dem das Evangelium uns erzählt. Die ganze Nacht waren Petrus und die anderen Jünger auf dem See. Sie hatten nichts gefangen. Gegen alle

Regeln ihrer Berufserfahrung werfen sie auf das Wort Jesu hin das Netz noch einmal aus. Sie können es kaum einholen, so viele Fische haben sie gefangen.
Sind auch *wir* bereit, miteinander ein großes *Netz* zu sein, das *alles Leben* aufnimmt und trägt? Wir könnten es versuchen, weil wir die Zusage Gottes haben: Dieses Netz wird nicht zerreißen! Es wird voller Leben sein!

Fürbittendes Gebet

Wir beten:

V: Für *uns Christen*: daß uns das Geschehen der Abtreibung nicht gleichgültig ist, sondern zum liebevollen Helfen anspornt.
A: Maria, Mutter des Lebens, bitte für uns.

V: Für *uns als Gemeinde*: daß wir im Konfliktfall aus christlicher Verantwortung heraus Hilfe anbieten.
A: Maria, Mutter des Lebens, bitte für uns.

V: Für *die Mädchen und Frauen* in Not: daß sie sich für das Leben entscheiden können.
A: Maria, Mutter des Lebens, bitte für uns.

V: Für *die Väter* der ungeborenen Kinder und *die Angehörigen*: daß sie keinen Druck zur Abtreibung ausüben, sondern das Kind annehmen.
A: Maria, Mutter des Lebens, bitte für uns.

V: Für *die Ärzte und Krankenschwestern*: daß ihnen über dem Töten ungeborenen Lebens das Gewissen erweckt wird und sie Wege finden, Leben zu erhalten.
A: Maria, Mutter des Lebens, bitte für uns.

V: Für *die Verantwortlichen in unserem Land*: daß sie Mut gewinnen, sich für das Leben und gegen die Abtreibung einzusetzen.
A: Maria, Mutter des Lebens, bitte für uns.

V: Für *Staat und Kirche*: daß sie genügend Kräfte und Mittel zur Verfügung stellen, damit die betroffenen Frauen in einem Netz von Hilfe aufgefangen werden können.
A: Maria, Mutter des Lebens, bitte für uns.

Gebetsanliegen zum Aufbruch

Maria, Mutter des Lebens, bitte für uns. Laß uns von dir lernen, damit in unseren Herzen etwas vom Geist deiner Demut lebt und wächst. Mit dir zusammen sprechen wir: „Siehe, ich bin die Magd des Herrn; mir geschehe nach deinem Wort.“

Auf dem Weg zur zweiten Station

Gebetsanliegen

Auch in den Stunden der größten Angst verliert Maria nicht ihre Hoffnung und ihren Glauben. Sie verzweifelt nicht. Im Vertrauen auf ihre Hilfe und Fürsprache sind auch wir bereit, unsere alltäglichen Kreuze in Geduld und Vertrauen zu tragen.

Gesätz des Rosenkranzes

Gegrüßet seist du, Maria …
– dessen Lebensweg du oft nicht verstehen konntest.

Lied

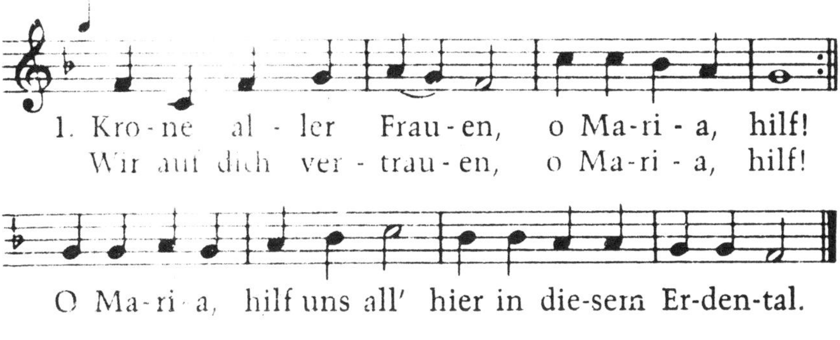

2. Einst trugst du auf Erden ... Mühsal und Beschwerden ...

3. Nun am höchsten Throne ... sprich zu deinem Sohne ...

4. Daß uns Gott verzeihe, ... von der Schuld befreie ...

5. Daß wir Gottes Willen ... gern und treu erfüllen ...

6. Daß Gott Trost uns sende, ... bittre Not abwende ...

Gebetsanliegen

Maria begleitet ihren Sohn in allem Leid bis zum Sterben am Kreuz.
Im Vertrauen auf ihre Hilfe und Fürsprache sind auch wir bereit, all jene zu begleiten, die ein schweres Schicksal tragen, damit sie durch uns etwas von der Liebe Gottes erfahren.

Gesätz des Rosenkranzes

Gegrüßet seist du, Maria ...
– den du begleitet hast in allem Leid bis zum Sterben am Kreuz.

Lied

„Maria, dich lieben"
(Gotteslob, Nr. 594, Strophen 1, 4 und 5)

Lauretanische Litanei
(Gotteslob, Nr. 769)

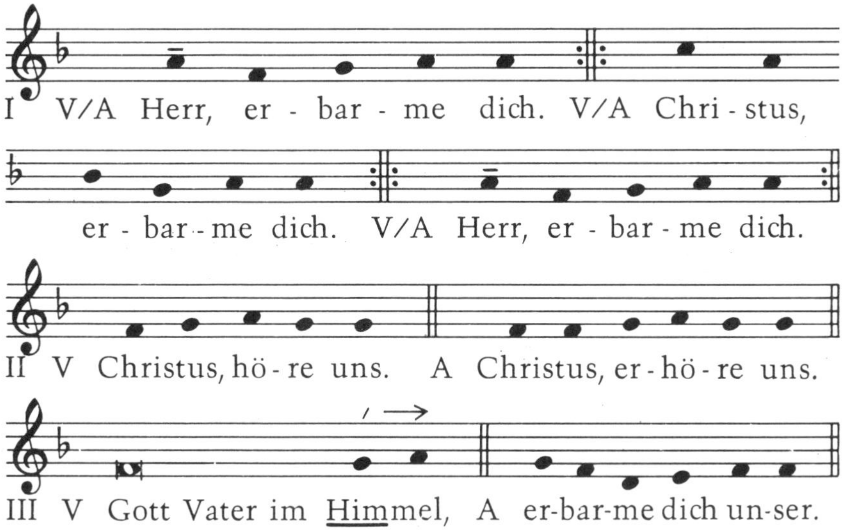

Gott Sohn, Erlöser der Welt
Gott Heiliger Geist
Heiliger dreifaltiger Gott

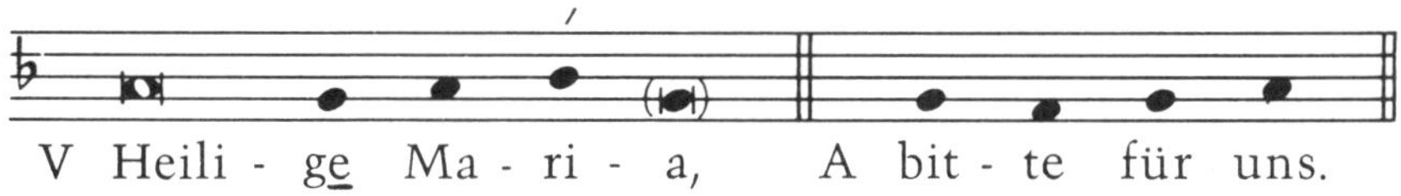

Heilige Mutter Gottes
Heilige Jungfrau
Mutter Christi
Mutter der göttlichen Gnade
Mutter, du Reine
Mutter, du Keusche
Mutter ohne Makel
Mutter, du viel Geliebte
Mutter, so wunderbar
Mutter des guten Rates
Mutter der schönen Liebe
Mutter des Schöpfers
Mutter des Erlösers
Du kluge Jungfrau

Jungfrau, von den Völkern gepriesen
Jungfrau, mächtig zu helfen
Jungfrau voller Güte
Jungfrau, du Magd des Herrn

V Du Spiegel der Gerechtigkeit, A bit - te für uns.

Du Sitz der Weisheit
Du Ursache unserer Freude
Du Kelch des Geistes
Du kostbarer Kelch
Du Kelch der Hingabe
Du geheimnisvolle Rose
Du starker Turm Davids
Du elfenbeinerner Turm
Du goldenes Haus
Du Bundeslade Gottes
Du Pforte des Himmels
Du Morgenstern
Du Heil der Kranken
Du Zuflucht der Sünder
Du Trost der Betrübten
Du Hilfe der Christen

V Du Köni - gin der En - gel, A bit - te für uns.

Du Königin der Patriarchen
Du Königin der Propheten
Du Königin der Apostel
Du Königin der Märtyrer
Du Königin der Bekenner
Du Königin der Jungfrauen
Du Königin aller Heiligen
Du Königin, ohne Erbschuld empfangen
Du Königin, aufgenommen in den Himmel
Du Königin vom heiligen Rosenkranz
Du Königin des Friedens

V: Lamm Gottes, du nimmst hinweg die Sünde der Welt;
A: Herr, erhöre uns.
V: Lamm Gottes, du nimmst hinweg die Sünde der Welt;
A: Herr, erbarme dich.

Lasset uns beten. – Gütiger Gott, du hast allen Menschen Maria zur Mutter gegeben; höre auf ihre Fürsprache; nimm von uns die Traurigkeit dieser Zeit, dereinst aber gib uns die ewige Freude. Durch Christus, unseren Herrn.
A: Amen.

Zweite Station
Maria – du Schutzmantel aller Betrübten

Biblische Einführung

Zum letzten Mal macht Maria sich mit ihrem Sohn auf den Weg. Sie folgt ihm hinaus vor die Stadt. Sie steht unter dem Kreuz, dem Pfahl der Schande. Unter den Hammerschlägen werden ihre Hoffnungen zertrümmert. Auf Golgota spricht sie ihr letztes Ja zum Willen Gottes. Sie läßt sich auf das Geheimnis des Kreuzes ein: Bei Gott kann tiefste Erniedrigung zugleich Erhöhung sein.

Betrachtung

Auch über manchen unserer Lebenswege wirft das Kreuz seine vielfältigen Schatten: Ein Unfall oder eine schwere Krankheit reißen uns aus allem Planen. Menschliche Enttäuschungen drohen uns zu verbittern. Das Erleben menschlicher Grenzen durch Behinderung, Krankheit und Tod kann uns zu lähmender Gleichgültigkeit und Verzweiflung treiben. Der Glaube an Gott aber sagt uns: Wer zu seinem Leid ja sagt, der nimmt teil an der Erhöhung und an der Herrlichkeit Jesu Christi. Wer sich aufmacht und wie Maria dem kreuztragenden Jesus nachfolgt, der kann Leid fruchtbar machen für andere. Das Geheimnis des Kreuzes liegt darin, daß wir es nicht für uns tragen, sondern für andere.

Fürbittendes Gebet

V: Gib uns starke Hände, die zupacken, wenn unverhofft Hilfe von uns erwartet wird.
A: Maria, du Schutzmantel aller Betrübten, bitte für uns.

V: Gib uns behutsame Hände, die die Hand eines Kindes schützend umschließen, damit es Vertrauen gewinnt für sein ganzes Leben.
A: Maria, du Schutzmantel aller Betrübten, bitte für uns.

V: Gib uns segnende Hände, die sich auf die uns anvertrauten Menschen legen, damit sie in der Kraft des Segens leben können.
A: Maria, du Schutzmantel aller Betrübten, bitte für uns.

V: Gib uns gute Hände, die sich allen entgegenstrecken, die in seelischer und leiblicher Not sind.
A: Maria, du Schutzmantel aller Betrübten, bitte für uns.

V: Gib uns gläubige Hände, die sich zum Gebet falten, um unsere Anliegen und Nöte vor Gott zu tragen.
A: Maria, du Schutzmantel aller Betrübten, bitte für uns.
V: Gib uns verstehende Hände, die die Sterbenden umfassen und ihren Heimgang erleichtern.
A: Maria, du Schutzmantel aller Betrübten, bitte für uns.

Gebetsanliegen zum Aufbruch

Wir grüßen dich, Maria, denn mit deinem Ja wird Gottes Menschenfreundlichkeit erfahrbar zum Staunen für alle Geschlechter.
Wir grüßen dich, Maria, denn mit deinem Ja erhält Gottes Liebe Hand und Fuß in unserer Welt.
Wir grüßen dich, Maria, denn mit deinem Ja wird Gottes Heil zu Fleisch und Blut und nimmt Wohnung unter den Menschen.
Mit dir zusammen sprechen wir: „Was du mir sagst, das will ich tun."

Auf dem Weg zur dritten Station

Gebetsanliegen

Maria hat Gott geboren. Geboren werden heißt, eine Heimat bekommen. Jesus wurde unterwegs geboren, in der Fremde.
Im Vertrauen auf ihre Hilfe und Fürsprache sind auch wir bereit, ihrem Sohn Heimatrecht zu geben in unseren Herzen.

Gesätz des Rosenkranzes

Gegrüßet seist du, Maria ...
– der uns Gottes Schöpfung als Heimat für alle anvertraut hat.

Lied

„Maria, breit den Mantel aus"
(Gotteslob, Nr. 595, Strophen 1 und 2)

Gebetsanliegen

Maria lebte in einer Zeit, in der ihr Land von einer fremden Kriegsmacht besetzt war. Hunger, Elend und Ausbeutung – dies ist das Lebenslos der Armen.

Im Vertrauen auf ihre Hilfe und Fürsprache sind auch wir bereit, unsere Schwerter zu Pflugscharen zu schmieden, damit Friede wachsen kann auf dieser Erde, Gerechtigkeit, Liebe, Gottes Reich.

Gesätz des Rosenkranzes

Gegrüßet seist du, Maria ...
– der uns seinen Frieden verheißen hat.

Lied

„Maria, breit den Mantel aus"
(Gotteslob, Nr. 595, Strophen 3 und 4)

Litanei zur Frau aus Nazaret

V: Maria, Quelle des Friedens:
A: Begleite uns.
V: Du Vorbild im Mut
Du Vorbild im Vertrauen
Du Vorbild in der Geduld
Du Vorbild in der Offenheit
Du Vorbild in der Ausdauer

V: Mutter der Obdachlosen:
A: Bitte für uns.
V: Mutter der Sterbenden
Mutter der Gewaltlosen und Friedfertigen
Mutter der wegen ihres Glaubens zum Tode Verurteilten

V: Frau aus den Reihen der Unterdrückten:
A: Führe uns zum Leben.
V: Befreierin der Unterdrückten
Trost der Betrübten
Schwester aller benachteiligten Frauen

Zeichen des Widerspruchs
Erste Jüngerin Jesu
Teilhaberin an seinem Leiden
Zeugin seiner Auferstehung

V: Frau des Erbarmens:
A: Ermutige uns.
V: Frau des Glaubens
Frau der Weisheit und voll des Verständnisses für andere
Frau, die mit Hoffnung schwanger ging

Maria, Königin des Friedens, dir vertrauen wir unser Leben an. Schütze uns vor Krieg, Haß und Unterdrückung. Lehre uns ein Leben im Frieden. Zeige uns, wie wir uns und andere zum Frieden erziehen können. Gib uns gerechtes Handeln. Laß uns Gottes Schöpfung ehren und bewahren. Laß den Frieden tief in unseren Herzen und in unserer Welt verwurzelt sein. Amen.

Dritte Station
Maria – du Königin des Friedens

Biblische Einführung

Maria spricht ihr Credo,
das Bekenntnis ihres Glaubens:

„Meine Seele preist die Größe des Herrn,
und mein Geist jubelt über Gott, meinen Retter.
Denn auf die Niedrigkeit seiner Magd hat er geschaut.
Siehe, von nun an preisen mich selig alle Geschlechter!
Denn der Mächtige hat Großes an mir getan,
und sein Name ist heilig.
Er erbarmt sich von Geschlecht zu Geschlecht
über alle, die ihn fürchten.
Er vollbringt mit seinem Arm machtvolle Taten;
er zerstreut, die im Herzen voll Hochmut sind;

er stürzt die Mächtigen vom Thron
und erhöht die Niedrigen.
Die Hungernden beschenkt er mit seinen Gaben
und läßt die Reichen leer ausgehn.
Er nimmt sich seines Knechtes Israel an
und denkt an sein Erbarmen,
das er unsern Vätern verheißen hat,
Abraham und seinen Nachkommen auf ewig."
(Lk 1,46–55)

Betrachtung

Fragen nach Gerechtigkeit, nach Frieden und Bewahrung der Schöpfung bewegen viele Menschen.
Zur Rettung dieser Welt ist uns Christen ein einzigartiger Ansatzpunkt gegeben. Wir sprechen: „Ich glaube an Gott ..., den Schöpfer des Himmels und der Erde." Und schon am Anfang der Heiligen Schrift heißt es: „Gott sah, daß es gut war", was er geschaffen hatte.
Die Welt ist nicht unser Werk. Sie gehört uns auch nicht. Diese Sichtweise macht es uns möglich, in jedem Geschöpf, jeder Blume, jedem Tier und erst recht in jedem Menschen den Schöpfergott hervorleuchten zu sehen. Wir erkennen: Diese Erde ist uns nur anvertraut, uns und unseren Nachkommen.

Fürbittendes Gebet

V: Wir bitten für die Regierenden und die Staatsmänner dieser Erde: daß sie die Stärke ihrer Länder nicht auf Waffen begründen.
A: Maria, du Königin des Friedens, bitte für uns.

V: Wir bitten für die Teilnehmer an Abrüstungsverhandlungen: daß ihre Herzen erfüllt werden von Geduld, Klugheit und Vertrauen, Mut und Menschenliebe, um das ersehnte Ziel zu erreichen: den Frieden in der Welt.
A: Maria, du Königin des Friedens, bitte für uns.

V: Wir bitten für uns selbst: daß unser Umgang mit der Schöpfung Ausdruck unserer Liebe zu allem Geschaffenen ist.
A: Maria, du Königin des Friedens, bitte für uns.

V: Wir bitten für unsere Verstorbenen: daß Gott sie heimholt in sein Reich des Lichtes, der Liebe und des Friedens.
A: Maria, du Königin des Friedens, bitte für uns.

Gebetsanliegen zum Aufbruch

Unsere Hoffnung muß Hände bekommen, die Hand anlegen an dieser kranken Welt: heilende Hände, die Tränen abtrocknen.
Unsere Hoffnung muß Füße bekommen, die sich wundlaufen für das Heil der Welt: Füße, denen kein Weg zu weit und zu schwer ist, um zu den Menschen zu gehen.
Unsere Hoffnung muß Worte bekommen, die die Menschen verstehen: Worte, die trösten, Worte, die Freude schenken.
Gott hat mit all dem den Anfang gemacht in seinem Sohn: In IHM hat die Hoffnung der Welt Hand und Fuß bekommen. Gott hat den Anfang gemacht: Wir müssen weitermachen.

V: Bitte für uns, heilige Gottesmutter,
A: daß wir würdig werden der Verheißung Christi.

Anregung für die letzte Wegstrecke

Von Maria heißt es: „Seine Mutter bewahrte alles, was geschehen war, in ihrem Herzen" (Lk 2,51).
Laßt uns Maria nachahmen, indem wir das letzte Stück des Weges im Schweigen gehen und unsere persönlichen Anliegen der „Mutter des Lebens" sagen.

Lied beim Einzug in die Kirche

„Freu dich, du Himmelskönigin"
(Gotteslob, Nr. 576)

„Die ungleichen Schwestern"

Maria und Marta

Einführende Gedanken

Ein Dechant erzählte einmal, wie er als Student ein Buch des inzwischen verstorbenen Bischofs von Münster Michael Keller zur Bibliothek des Priesterseminars zurücktragen mußte. Dabei fiel ein Zettel aus dem Buch heraus. Ein lateinischer Spruch stand darauf. Übersetzt lautete er: „Wenn das Meer austrocknet und der Teufel in den Himmel kommt, dann wird auch der erste Laie seinem Pfarrer ein treuer Freund."
Dieser Satz zeigt – wenn auch übertrieben – ein Spannungsfeld in unserer Kirche auf, das sicherlich schon Geschichte hat.
Wir kennen auch andere: das von Männern und Frauen, das von katholisch und evangelisch, in jüngster Zeit das von römisch-katholisch und anglikanisch, das von Amt und Charisma, das von Dienst und Geltung bzw. Macht.
Ein solches Spannungsfeld zeigt uns auch das heutige Evangelium auf, die Geschichte von Maria und Marta, die sicherlich über Jahrzehnte das Frauenbild in der Kirche entscheidend mitbeeinflußt hat. Vom Evangelium her sehe ich uns alle angestoßen, solche Spannungen einmütig im Gebet vor Gott zu tragen. Er kann uns neu Einheit schenken mit ihm und untereinander im Wort seiner Vergebung.

Kyrie

„Ich steh vor dir mit leeren Händen"
(Gotteslob, Nr. 621, Strophen 1 – 3;
Strophe 3: „... und laß mich unter deinen Kindern leben")

Oration (Meßbuch, S. 309, Nr. 14)

Gott. Du hast uns verschiedene Gaben geschenkt. Keinem gabst du alles – und keinem nichts. Jedem gibst du einen Teil. Hilf uns, daß wir uns nicht zerstreiten, sondern einander dienen mit dem, was du einem jeden zum Nutzen aller gibst. Darum bitten wir durch Jesus Christus.

Evangelium (Lk 10,38–42)

In jener Zeit kam Jesus in ein Dorf, und eine Frau namens Marta nahm ihn freundlich auf. Sie hatte eine Schwester, die Maria hieß. Maria setzte sich dem Herrn zu Füßen und hörte seinen Worten zu. Marta aber war ganz davon in Anspruch genommen, für ihn zu sorgen. Sie kam zu ihm und sagte: Herr, kümmert es dich nicht, daß meine Schwester die ganze Arbeit mir allein überläßt? Sag ihr doch, sie soll mir helfen! Der Herr antwortete: Marta, Marta, du machst dir viele Sorgen und Mühen. Aber nur eines ist notwendig. Maria hat das Bessere gewählt, das soll ihr nicht genommen werden.

Ansprache

„Einige Wochen später hatte Jesus sich wieder zu Besuch angesagt. Die beiden Schwestern freuten sich schon auf ihn; sie waren sich auch der Ehre bewußt: ein jüdischer Rabbi, der sich die Zeit nahm, mit zwei Frauen zu reden. Endlich war nun der Tag da. Sie sahen Jesus schon von weitem kommen, begrüßten ihn froh und luden ihn ins Haus ein. Dann saßen sie zusammen und redeten. Jesus erzählte von seinen Wanderungen und vom Reich Gottes, Maria und Marta berichteten von ihrem Leben, und gemeinsam überlegten sie, wie Gottes Reich schon auf der Erde verwirklicht werden könnte. So verging der Tag wie im Flug, und erst gegen Abend merkten die drei, daß sie müde geworden waren und Hunger und Durst hatten. Aber niemand war am Brunnen gewesen und hatte Wasser geholt, niemand hatte Brot gebacken oder eine Suppe gekocht!" (Mechthild Peters).

Mir gefällt diese Geschichte auf Anhieb. Ich kann mir sogar ein Happy-End vorstellen: Alle packen mit an. Maria holt Wasser vom Brunnen, Marta kocht die Suppe, und Jesus deckt den Tisch. In kurzer Zeit ist durch diese Art der Arbeitsteilung das Essen fertig. Alles, was sie besitzen, teilen die drei Personen unserer Geschichte miteinander: Zeit und Brot, Arbeit und Gespräch.
Wie anders dagegen verläuft jene Erzählung, die wir aus dem Lukasevangelium kennen: Auf seiner Wanderung durch das Land kommt Jesus nach Betanien. Im Haus der Geschwister Maria und Marta wird er freundlich aufgenommen. Dabei lädt Jesus sich nicht selbst ein, wie er das beim Zöllner Zachäus (Lk 19,5 f.) tut, nein, Marta ist es, die die Initiative ergreift und ihn hereinbittet. Dann entfaltet sie eine rege Betriebsamkeit. Wir können uns das gut vorstellen: Sie bereitet das Essen zu und deckt den Tisch. Weil sie möchte, daß Jesus sich wohl fühlt, hat sie mehr als genug zu tun. Schließlich ist er nicht oft bei ihnen zu Gast. Da soll es wirklich an nichts fehlen.
Maria läßt sich nicht anstecken vom geschäftigen Treiben der Schwester. Sie setzt sich dem Herrn zu Füßen und hört ihm zu. Verständlicherweise ist die betriebsame Marta darüber nicht nur aufgebracht, sie ist richtig „sauer". Sie wendet sich an Jesus: „Herr, siehst du nicht, wie Maria mich hängenläßt? Sag du ihr jetzt mal, daß sie mir helfen soll." Ein anderer Gast hätte nun wohl zu Maria gesagt: „Laß Marta doch nicht die ganze Arbeit allein tun. Geh zu ihr in die Küche, und hilf ihr. Wir können unser Gespräch nachher fortsetzen."
Jesus aber antwortet ganz anders. Eindeutig ergreift er Partei für Maria: „Marta, Marta, du machst dir viele Sorgen und Mühen. Aber nur eines ist notwendig. Maria hat das Bessere gewählt, das soll ihr nicht genommen werden" (Lk 10,41–42).
Leider erzählt Lukas uns nicht mehr, wie Marta auf diese Aussage reagiert. Wie steht sie jetzt da? Muß sie sich jetzt nicht total blamiert fühlen? Da hat sie sich so auf diesen Besuch gefreut und so viel dafür getan, und jetzt wird sie vollends auf die Seite gedrängt. Nun erst recht verunsichert und gekränkt, zieht sie sich zurück.
In der christlichen Frömmigkeit spielt unsere Geschichte eine große Rolle. Das Frauenbild (in) der Kirche hat sie entscheidend mitgeprägt. Maria, die Stille, Hingebungsvolle, Bescheidene wird

dabei immer als Vorbild hingestellt. So formuliert Origenes (ca. 200 n. Chr.): „Marta symbolisiert das tätige Leben (vita activa), Maria das beschauliche Leben (vita contemplativa). Maria ist der vollkommene Christ, Marta der unvollkommene." Hieronymus (ca. 370 n. Chr.) sagt dazu: „Der ‚gute Teil' Marias besteht im Verlassen der Welt und in der Annahme des klösterlichen Lebens." Augustinus (+ 430 n. Chr.) sieht in den beiden Schwestern „die beiden Leben abgebildet, das gegenwärtige und das zukünftige, das tätige und das ruhige, das mühselige und das glückselige, das vorübergehende, zeitliche und das nicht vorübergehende, ewige." Bei Luther erreicht die Differenzierung der beiden Schwestern geradezu ihren Höhepunkt: „Marta, dein Werk muß bestraft und für nichts geachtet werden ..., ich will kein Werk haben, denn das Werk Marias, das ist der Glaube." Bereits interpretierend übersetzt er, wie es noch heute fälschlich in der Einheitsübersetzung formuliert ist: Maria hat den *besseren* Teil gewählt (zur Erläuterung: im griechischen Urtext steht: „das *gute* Teil"; von einem „besseren" oder „besten" ist keine Rede; der auf der einen Seite steigernde und auf der anderen Seite abwertende Vergleich, den wir uns angewöhnt haben, ist also falsch).

In der Volksfrömmigkeit setzt sich Marta als Patronin der Hausfrauen und Köche durch. Einige Frauenkongregationen, so zum Beispiel die Hospitalerinnen der heiligen Marta, haben sich nach ihr benannt. Sie widmeten sich besonders der Armen- und Krankenpflege. In der christlichen Kunst trägt Marta den Kochlöffel als Tribut, gilt aber auch als Drachenbezwingerin (so auf dem sogenannten Martaaltar in der Lorenzkirche von Nürnberg). Im Unterschied zum heiligen Georg tötet sie das Tier nicht, sondern hält es gebändigt mit ihrem Gürtel fest.

Was lief denn nun eigentlich verkehrt bei Marta? Auf Aramäisch bedeutet ihr Name „Herrin". Als Hausherrin tritt sie ja nun wirklich auf, wenn sie Jesus in ihr Haus bittet. Für eine Frau schickte sich so etwas nach den damaligen palästinensischen Sitten nicht. Daß Jesus sich von einer unverheirateten Frau einladen läßt, war genauso unschicklich. Das verweist uns auf die erste Botschaft unserer Geschichte: In der Gemeinde Jesu Christi sind Frauen und Männer von gleichem Rang und gleicher Würde.

Dies wird auch bestätigt durch die Haltung, die Jesus und Maria während ihres Gespräches einnehmen. Es heißt, daß Maria zu Füßen des Herrn sitzt. Damals war es üblich, daß man auf einem Kissen am Boden saß. Also sitzt Maria dem Herrn gegenüber. Beide sind auf gleicher Ebene einander zugewandt. Maria wird ausdrücklich (und zugleich sensationell für die damalige Zeit) das Recht zuerkannt, den Lehrweisheiten des Herrn zuzuhören, zu fragen und Antworten zu bekommen.

Deshalb ist unsere Geschichte alles andere als eine Geschichte der Demütigung der Marta. Vielmehr ist unsere Geschichte eine Geschichte der Aufwertung der Frau. Gleichberechtigt und gleichwertig stehen beide neben dem Herrn. Die Tätigkeit der Frau muß sich in der Gemeinde des Herrn nicht nur aufs Dienen beschränken. Alle – Frauen wie Männer – sind eingeladen, auf Gottes Wort zu hören. Das ist das Entscheidende, das Marta noch lernen muß.

Die Gemeinde Jesu Christi, die Kirche, braucht Frauen, wie Maria *und* Marta es waren. Teresa von Avila, die große Mystikerin, sagt: „Glaubt mir, Marta und Maria müssen beisammen sein, um den Herrn beherbergen zu können und ihn immer bei sich behalten zu können, sonst wird er schlecht bewirtet sein und ohne Speise bleiben. Wie hätte Maria, die immer zu seinen Füßen saß, ihm etwas zu essen gegeben, wenn die Schwester ihr nicht beigesprungen wäre? Seine Speise aber ist, daß wir auf jede Weise Seelen sammeln, damit sie errettet werden und ihn loben in Ewigkeit" (J. Sudbrack, Erfahrung einer Liebe. Teresa von Avilas Mystik als Begegnung mit Gott). Nur beide Schwestern zusammen können Christus „beherbergen", so daß er einen Ort auf der Welt hätte.

In der Münsterkirche der Fraueninsel am Chiemsee befindet sich hinter dem Hochaltar ein mittelalterlicher Chorbogen. Die alte Freskenmalerei zeigt in der Mitte Jesus. Ihm jeweils zur Seite sitzen Maria und Marta. *Beide* sitzen ihm zu Füßen, und *beide* zusammen ergeben für die dort lebenden Benediktinerinnen das Vorbild ihres Ordensgründers Benedikt: Ora et labora – Bete und arbeite.

Marta hatte ihren Erlöser in ihr Haus aufgenommen. Die Begegnung mit ihm ging ihr in einer Art und Weise unter die Haut, die sie vorher nicht ansatzweise hätte erahnen können. Er, der Herr, half ihr aus der Rolle des Arbeiten-, Sorgen- und Dienenmüssens, auf die sie sich selbst festgelegt hatte, heraus. So konnte sie für sich selbst neue Möglichkeiten entdecken. Auch sie konnte „das Gute" wählen. Eine verheißungsvolle, erlösende Perspektive – auch für uns. Sind wir doch alle ein klein wenig Marta.

Fürbittendes Gebet

P: Herr, Jesus Christus, du bist ein Freund des Lebens. Du liebst jede und jeden von uns in gleicher Weise und schenkst uns allen gleiche Würde. Du kennst unsere Sehnsucht und unsere Lebensträume. Wir bitten dich:

L: Schenke allen Verkündern und Verkünderinnen deiner Frohen Botschaft immer neu deinen Geist, damit sie dein Wort so in das Leben der Mitmenschen hineinsprechen, daß Menschen, deren Leben durch schwere Erfahrungen ins Stocken geraten ist, im Text ihres Lebens weiterfinden.
A: Christus, höre uns.

L: Laß uns als deine Jünger und Jüngerinnen auf Schlagworte verzichten, und schenke uns die Aufmerksamkeit für deine Worte der liebenden Annahme und Vergebung, in denen sich unsere Mitmenschen bergen können.
A: Christus, höre uns.

L: Schenke allen Völkern unserer Erde, deren Leben durch Feindschaft und Krieg geprägt ist, die Bereitschaft, sich für deine Worte der Versöhnung und des Friedens zu öffnen.
A: Christus, höre uns.

L: Laß unsere Verstorbenen, die uns auf dem Weg des Glaubens vorangegangen sind, die Erfüllung all ihrer Sehnsüchte erfahren, und schenke ihnen so deine Ruhe in Frieden.
A: Christus, höre uns.

P: Gütiger Gott, dein Sohn hat sich unter der Last des Kreuzes gekrümmt, um uns aufzurichten zu einem Leben in Fülle. Schenke uns im Blick auf den Weg deines Sohnes täglich neu

die Kraft, einander so zu helfen und beizustehen, wie er uns seine Hilfe und seinen Beistand immer neu erweist. Darum bitten wir durch Christus, unseren Herrn.
A: Amen.

Gabengebet (Meßbuch, S. 349, Nr. 6)

Herr, unser Gott, die Gaben, die wir bereitet haben, sind Zeichen unserer Hingabe an dich. Darum bitten wir: Wie Brot und Wein in der Kraft des Geistes geheiligt werden, so heilige auch uns selbst immer mehr nach dem Bilde unseres Herrn Jesus Christus, der mit dir lebt und herrscht in alle Ewigkeit.

Schlußgebet (Meßbuch, S. 527, Nr. 9)

Gütiger Vater, du hast Wohlgefallen am Opfer deines Sohnes für das Heil der Welt, dessen Gedächtnis wir gefeiert haben. Mache unsere Herzen bereit, im Geist und der Gesinnung Christi unseren Brüdern und Schwestern zu dienen, da du uns neue Kraft geschenkt hast im Empfang der heiligen Speise. Darum bitten wir durch Christus, unseren Herrn.

Meditation

Immer wieder entwerfe ich
einen Plan für mein Leben,
für meinen Glauben.
Ich entwickle einen Traum, eine Vision.
Wie ein Architekt baue ich mir
ein großes Haus zusammen,
in das ich dann hineinpassen muß.
Ich stelle hohe Anforderungen an mich selbst
und bin unzufrieden mit dem, was ist.
Ich glaube nicht genug;
ich tue nicht genug;
ich bin Gott nicht genug.

Immer hinke ich
– mit schon schmerzenden Beinen –
meinen Idealen und Träumen hinterher.

Wann endlich begreife ich,
daß Gott kein großes Haus braucht,
um bei mir Heimat zu finden.
Vielleicht hat er auch an einer Drei-Zimmer-Wohnung genug?

Lieder aus dem „Gotteslob"

„Alles meinem Gott zu Ehren" (Nr. 615)
„Nahe wollt der Herr uns sein" (Nr. 617)
„Hilf, Herr meines Lebens" (Nr. 622)
„Worauf sollen wir hören" (Nr. 623)

„Von der Trotzkraft des Glaubens"

Abraham

Einführende Gedanken

Vom englischen König Christian VIII. (1839 – 1848) wurde folgende Verfügung erlassen: „Uns ist zu Ohren gekommen, daß immer mehr Hörer bei der sonntäglichen Predigt in Schlaf versinken. Daher ordnen wir allergnädigst an, daß bei jedem Gottesdienst ältere Männer mit langen Stangen in der Kirche auf- und abgehen und mit einer Klatsche allen, die einschlafen, auf den Kopf schlagen, um so die gebotene andächtige Aufmerksamkeit zu erwirken."
Eine ein-drucksvolle, durch-schlagende Methode, nicht wahr? Dabei liegt hier die Betonung wahrlich auf „Druck" und „schlagen". Vermutlich half sie, die Köpfe der Feiernden hochzuhalten; ob sie aber auch half, ihre Herzen für Gottes Wort aufzuschließen, bleibt zweifelhaft.
Mit einer durch-schlagenden Forderung Gottes werden wir in der heutigen Lesung konfrontiert: Gott fordert ein Menschenopfer. Er will, daß Abraham seinen einzigen Sohn Isaak als Opfer darbringt. Werden wir mit dieser Geschichte fertig werden? Werden wir sie verstehen können?

Kyrie

Gott, wir nennen dich den guten Vater und die gute Mutter im Himmel. Viele, zu viele aber unter uns sind Jahre und Jahrzehnte unter einem anderen Gottesbild aufgewachsen. Wir klagen dir die Schlagworte, unter denen sie leben mußten:

– „Wen Gott liebt, den züchtigt er": Vergib uns unseren mangelnden Glauben an deine grenzenlose Liebe und dein ewiges Erbarmen.

– „Der liebe Gott sieht alles": Verzeih uns, daß wir dich zu sehr als einen betrachtet haben, der – wie ein Detektiv – nichts anderes zu tun hat, als unsere Fehler zu sichten und zu sammeln.

– „Auge um Auge, Zahn um Zahn": Hilf uns zu glauben an deine Barmherzigkeit und Güte, die ohne Ende ist.

Oft belastet unsere Kleingläubigkeit unseren Glauben an dein Gutsein. Laß uns dich erkennen, wie du wirklich bist: groß in deiner Huld für deine Geschöpfe, gewaltig in deiner Hoheit, wehrlos in deiner Liebe. Darum bitten wir durch Christus, unseren Herrn.

Oration (Meßbuch, S. 307, Nr. 7)

Gott. Du suchst Menschen, die von dir sprechen und der Welt deine gute Botschaft weitersagen. Hilf uns, Trägheit und Menschenfurcht zu überwinden und deine Zeugen zu werden – mit unserem ganzen Leben. Darum bitten wir durch Jesus Christus.

Lesung (Gen 22,1–18)

In jenen Tagen stellte Gott Abraham auf die Probe. Er sprach zu ihm: Abraham! Er antwortete: Hier bin ich. Gott sprach: Nimm deinen Sohn, deinen einzigen, den du liebst, Isaak, geh in das Land Morija, und bring ihn dort auf einem der Berge, den ich dir nenne, als Brandopfer dar. Frühmorgens stand Abraham auf, sattelte seinen Esel, holte seine beiden Jungknechte und seinen Sohn Isaak, spaltete Holz zum Opfer und machte sich auf den Weg zu dem Ort, den ihm Gott genannt hatte. Als Abraham am dritten Tag aufblickte, sah er den Ort von weitem. Da sagte Abraham zu seinen Jungknechten: Bleibt mit dem Esel hier! Ich will mit dem Knaben hingehen und anbeten; dann kommen wir zu euch zurück. Abraham nahm das Holz für das Brandopfer und lud es seinem Sohn Isaak auf. Er selbst nahm das Feuer und das Messer in die Hand. So gingen beide miteinander. Nach einer Weile sagte Isaak zu seinem Vater Abraham: Vater! Er antwortete: Ja, mein Sohn! Dann sagte Isaak: Hier ist Feuer und Holz. Wo aber ist das Lamm für das Brandopfer? Abraham entgegnete: Gott wird sich das Opferlamm aussuchen, mein Sohn. Und beide gingen miteinander weiter. Als sie an den Ort kamen, den ihm Gott genannt hatte, baute Abraham den Altar, schichtete das Holz auf, fesselte seinen Sohn Isaak und legte ihn auf den Altar, oben auf das Holz. Schon streckte Abraham seine Hand aus und nahm das Messer, um seinen Sohn zu schlachten. Da rief ihm der Engel des Herrn vom Himmel her zu: Abraham, Abraham! Er antwortete: Hier bin ich. Jener sprach: Streck deine Hand nicht gegen den Knaben aus, und tu ihm nichts zuleide! Denn jetzt weiß ich, daß du Gott fürchtest; du hast mir deinen einzigen Sohn nicht vorenthalten. Als Abraham aufschaute, sah er: Ein Widder hatte sich hinter ihm mit seinen Hörnern im Gestrüpp verfangen. Abraham ging hin, nahm den Widder und brachte ihn statt seines Sohnes als Brandopfer dar. Abraham nannte jenen Ort Jahwe-Jire (Der Herr sieht), wie man noch heute sagt: Auf dem Berg läßt sich der Herr sehen. Der Engel des Herrn rief Abraham zum zweitenmal vom Himmel her zu und sprach: Ich habe bei mir geschworen – Spruch des Herrn: Weil du das getan hast und deinen einzigen Sohn mir nicht vorenthalten hast, will ich dir Segen schenken in Fülle und deine Nachkommen zahlreich machen wie die Sterne am Himmel und den Sand am Meeresstrand. Deine Nachkommen sollen das Tor ihrer Feinde einnehmen. Segnen sollen sich mit deinen Nachkommen alle Völker der Erde, weil du auf meine Stimme gehört hast.

Evangelium (Mt 28,16–20)

In jener Zeit gingen die elf Jünger nach Galiläa auf den Berg, den Jesus ihnen genannt hatte. Und als sie Jesus sahen, fielen sie vor ihm nieder. Einige aber hatten Zweifel. Da trat Jesus auf sie zu und sagte zu ihnen: Mir ist alle Macht gegeben im Himmel und auf der Erde. Darum geht zu allen Völkern, und macht alle Menschen zu meinen Jüngern; tauft sie auf den Namen des Vaters und des Sohnes und des Heiligen Geistes, und lehrt sie, alles zu befolgen, was ich euch geboten habe. Seid gewiß: Ich bin bei euch alle Tage bis zum Ende der Welt.

Ansprache

„Wenn ich aber nicht will ...! Laß mich in Ruhe! Ich will Tante Gerda nicht besuchen! Und ich will den Leuten nicht die Hand geben! Ich *will* nicht!"

Was ein echter „Trotzkopf" ist, das wissen wir alle – nicht nur durch das gleichnamige Jugendbuch, das viele junge Mädchen heiß und innig geliebt haben, sondern vor allem durch die konkrete Alltagswirklichkeit in Kindergarten oder Schule, bei den eigenen Kindern oder Enkelkindern, in der Nachbarschaft oder Verwandtschaft. Pädagogen und Psychologen bezeichnen die sogenannte „Trotzphase" als völlig normales Erscheinungsbild innerhalb der kindlichen Entwicklung. Sie ist gekennzeichnet durch das Bemühen des Kindes, seinen eigenen Willen durchzusetzen und seine eigenen Erfahrungen zum Maßstab allen Handelns zu machen.

Als Erwachsene/r haben wir den „Trotzkopf" längst hinter uns gelassen. Dennoch spüren auch wir in uns immer wieder „Trotz-Kräfte", in denen wir die eigenen – besonders die schlechten – Erfahrungen gern absolut setzen, in denen wir uns von Enttäuschungen und den Anfechtungen vergeblicher Liebesmüh leiten lassen, getreu dem Motto: „Das hat ja doch alles keinen Sinn! Da ist nichts mehr zu machen. Was soll das alles noch? Da kann ich auch Gott nicht mehr verstehen!"

Solche Einstellungen sind sehr lähmend. Sie nehmen den Mut, trotz Enttäuschungen weitere Schritte auf den Wegen des Lebens zu wagen, weil sie wie bleierne Gewichte an uns hängen.

So seltsam es auch klingen mag: Es gibt auch positive „Trotz-Kräfte". Aus dem Glauben an Gott heraus zu leben, Christ und Christin zu sein, kann sogar bedeuten, ein richtig ausgeprägter „Trotzkopf" zu sein. Er zeigt sich, wenn ich mir in meine Enttäuschungen nicht hineinreden lasse, wenn ich meine Erfahrung von

Scheitern, von Vergeblichkeit nicht absolut setze. Allen sogenannten vernünftigen Einwänden gegenüber trotze ich den Enttäuschungen. Ich nehme Gott gerade dort beim Wort, wo es nicht nur sinnlos, sondern geradezu lächerlich erscheint.
In der Heiligen Schrift begegnen wir auf Schritt und Tritt „Trotzköpfen in Sachen Glaube". Einer davon ist Abraham. Er ist der älteste Sohn aus der Sippe des Nomaden Terach (Gen 11,27) und damit erster Anwärter auf das väterliche Erbe. Seine Familie wohnt zunächst in Ur in Chaldäa. Dann beschließt Terach, nach Haran zu ziehen, einem Ort, tausend Kilometer von Ur entfernt, ganz im Norden des Landes. Ausgrabungen haben nicht nur die Stadt Ur am Euphrat entdeckt, sondern auch den Ort Haran. Handelte es sich bei der einen Stadt um die Hauptstadt der ersten Hochkultur der Frühzeit im 3. Jahrtausend vor Christus, so lag Haran an einem Knotenpunkt großer alter Handelsstraßen. Archäologische Untersuchungen geben Kunde von den Königsdynastien der damaligen Zeit, über den Mondkult und die Fruchtbarkeitsriten wie auch über die dort üblichen, schrecklichen Menschenopfer. So zieht die Familie des Terach, den wir uns als Nomadenfürsten vorstellen können, aus einem hochentwickelten Land in eine weit entfernte Gegend nach Haran. Eben dort beginnt Gottes Heilsgeschichte mit uns Menschen, eine Geschichte, die vor fünf Jahrtausenden begann und bis heute andauert.
Abraham lebte um 1500 vor Christus. Erst 700 Jahre später wurde unsere Geschichte aufgeschrieben. Demnach kann sie kein protokollarischer Auszug aus dem Leben des Abraham sein. Immer wieder wurde sie in den dazwischenliegenden Jahrhunderten von Generation zu Generation weitererzählt. So wurde sie zu einer Geschichte über die Glaubenserfahrung des Volkes Israel. Zum Zeitpunkt ihrer Entstehung wurde das Volk wieder einmal bedroht, so wie es schon in Ägypten (Ex 1) und am Schilfmeer (Ex 14) der Fall gewesen war. So wird sie zu einer Lehrerzählung, durch die Israel aufgefordert werden soll, auch in Krisen- und Gefahrenzeiten Gott die Treue zu halten (Gen 22,1.12).
Aber zurück zu Abraham!
Allein auf Gottes Wort hin zieht er – wie sein Vater – in ein fremdes Land, auch wenn dies der Vernunft geradezu spottet. Er folgt einer Verheißung, deren Ziel er nicht erkennen kann. Er wagt das scheinbar Sinnlose, setzt Maßstäbe, die aufgrund bloß menschli-

cher Erfahrung zum Scheitern verurteilt sein müssen. Und wirklich: Sein Leben verläuft alles andere als geradlinig. Da sind auch in seinem Leben die „Trotzkräfte", die dem Anspruch Gottes zu trotzen versuchen, die nicht zulassen und akzeptieren wollen, was der menschlichen Erfahrung völlig zu widersprechen scheint. Das erleben wir zum Beispiel bei der ersten Reaktion Saras auf die Verheißung Gottes, daß sie einen Sohn gebären wird. Als sie diese Botschaft hört, lacht sie „still in sich hinein" (Gen 18,12). Anscheinend findet sie das zum „Kaputtlachen". Sie sind doch beide viel zu alt für ein Kind. Der göttlichen Verheißung steht das Besserwissen des Menschen gegenüber. Auch im Blick auf Abraham wird davon gesprochen: Er fällt auf sein Gesicht und lacht (Gen 17,17). Indem Abraham aber diese Zumutung Gottes in der „Trotzkraft des Glaubens" durchträgt, erfährt er in der Geburt seines Sohnes Isaak, daß er Gott auch da beim Wort nehmen kann, wo es unsinnig, ja lächerlich erscheint. Er erlebt, daß ihm das von Gott gegebene Wort ein fester Grund sein kann, um auch das scheinbar Aussichtslose und Hoffnungslose zu wagen.

So weit, so gut. Nun aber ist es genau diese Erfahrung, die einer ungeheuerlich klingenden Belastungsprobe unterstellt wird. Erst werden ihm unzählige Nachkommen versprochen (Gen 12,7; 15,5; 17,2.6), ein großes Volk (Gen 12,2), ein Sohn (Gen 18,10.14), und dann fordert Gott diesen Sohn zurück (Gen 22,1–19). Eine geradezu unverschämte, gemeine Geschichte, bei der man/frau sich fragen kann, warum sie noch heute in unseren liturgischen Feiern vorgelesen wird, erscheint Gott in ihr doch wie ein Götze, der Menschenopfer fordert. Selbst Martin Luther beantwortet diese Frage, wie er die Geschichte auslegen würde, so: Ich verstehe davon noch weniger als der Fuß von Abrahams Esel, der unten am Berg stehenblieb (der Esel stieg ja nicht mit auf den Berg; er sah also nicht, was sich dort ereignete).

Unsere Geschichte ist so ungehobelt und eckig wie das Leben selbst. Dennoch führt sie uns in die Tiefe dessen hinein, was „Trotzkraft" des Glaubens ist. Wir würden ihren Sinn zu wenig erfassen, wenn wir in ihr nur ausgedrückt sehen, daß Gott keine Menschenopfer will. Natürlich will Gott nicht, daß Menschen irgendwelchen Götzen geopfert werden, weder dem Götzen des Wohlstands, einer Leistung oder einer fanatischen religiösen Ideologie. Vielmehr geht es darum, die Erprobung, die Hineinführung in eine Krise als Chance zur Vertiefung des Glaubens zu sehen. Wir können dabei erspüren, wie Abraham diese Glaubensprobe durchsteht, oft wortlos, aber trotzdem nicht von Gott lassend.

Auch wir erfahren manch Leidvolles, Widersprüchliches, vielleicht sogar Furchtbares in unserem Leben: der plötzliche Tod eines geliebten Menschen, das Fallen in die Nächte der Einsamkeit, die täglichen Enttäuschungen mit einem Menschen, in den man/frau zu Beginn der Ehe so viel Hoffnung gesetzt hat, die völlig anderen Wege der Kinder, denen wir versucht haben einen Weg mit Gott zu vermitteln ...

Solche und ähnliche Erfahrungen stellen die große Frage nach dem „Warum". Nicht wenige geraten dabei in die Gefahr, Gott ganz aufzugeben. Gerade dies ist in der Gestalt des Abraham aufgefangen. Er läßt die Zumutung Gottes zu. Er läßt die Prüfung an sich heran. Im Zulassen überläßt er sich ganz. Und eben da, wo ihm Gott und dessen Wille zur Mitte geworden ist, da wird ihm die Zukunft seines Lebens noch einmal geschenkt.

In Abraham begegnet uns ein Mensch, dessen „Trotzkraft des Glaubens" darin besteht, daß er trotz leidvollster Strömungen in seinem Leben sich einem Lebensstrom überlassen kann, von dem er aufgrund der Verheißung Gottes bis zuletzt glaubt, daß dieser ihn ins Leben trägt, in das Land, das Gott ihm zeigen wird.

Es ist schön, immer wieder Menschen begegnen zu können, die – im positiven Sinn – immer noch nicht aus dem „Trotzalter" heraus sind, die Gott auch noch da beim Wort nehmen, wo es unsinnig erscheint, die sich für die größeren Möglichkeiten Gottes offen halten, auch und gerade da, wo unser menschliches Leben an die Grenzen seiner Möglichkeiten stößt. In der „Trotzkraft des Glaubens" bewahren auch wir uns die Offenheit für das Land, das ER *uns* zeigen will.

Wir wissen nicht, ob Abraham sich bei der Rückschau auf sein Leben sicher war, daß sich die ungeheuren Verheißungen Gottes wirklich erfüllen würden: „Ich werde dich zu einem großen Volk machen, dich segnen und deinen Namen groß machen ... Durch dich sollen alle Geschlechter der Erde Segen erlangen" (Gen 12,2.3). Wenn wir aber in die Heilige Schrift schauen, können wir feststellen: Von dem, was Gott verheißen hat, ist kein Wort verlorengegangen!

Fürbittendes Gebet

P: Die Heilige Schrift preist jene selig, die auf Gott vertrauen und alle Hoffnung auf ihn setzen. Laßt uns deshalb zum Herrn beten und seine Hilfe erwarten:

L: Wecke den Geist der Liebe und der Versöhnung in den Gläubigen deiner Kirche, damit sie für andere zu Vermittlern deiner Hoffnung werden.
A: Christus, höre uns.

L: Schenke den Völkern auch dort Hoffnung, wo menschliches Hoffen ins Leere zu gehen droht.
A: Christus, höre uns.

L: Erfülle die Hoffnung der Kranken und Suchenden, und schenke ihnen Vertrauen auf deine Wegbegleitung.
A: Christus, höre uns.

L: Gib uns Phantasie und Mut, damit wir die richtigen Wege finden, um die uns anvertraute Erde zu schützen und zu bewahren.
A: Christus, höre uns.

L: Laß unsere Verstorbenen die Erfüllung deiner Verheißungen erfahren, die auch uns Lebende auf ein Leben in deiner Gemeinschaft hoffen läßt.
A: Christus, höre uns.

P: Herr, Jesus Christus, du hast uns gezeigt, wie groß deine Liebe zu uns Menschen ist. Du bist die Quelle unserer Hoffnung. Gib uns allen die Kraft, aus der Hoffnung zu leben und von ihr den Menschen zu künden. Darum bitten wir dich, der du in der Einheit des Heiligen Geistes mit Gott, dem Vater, lebst und herrschst in Ewigkeit.
A: Amen.

Gabengebet (Meßbuch, S. 349, Nr. 4)

Herr, unser Gott, dein Sohn hat uns versprochen, er werde in unserer Mitte sein, wann immer wir in seinem Namen versammelt sind. Er selber erfülle das Lobgebet, das wir über Brot und Wein sagen, mit seiner Hingabe und Liebe, damit dir gegeben werde, was dir gebührt, heiliger Gott. Darum bitten wir durch ihn, Christus, unseren Herrn.

Schlußgebet (Meßbuch, S. 529, Nr. 14)

Gott und Vater, im heiligen Mahle, das wir empfangen durften, hat sich auf neue Weise das Wort des Apostels erfüllt: Jesus, dein Sohn, lebt in uns. Wir danken dir, daß du ihn uns geschenkt hast. Steh uns bei, damit wir ganz für ihn leben und einst ewig vollendet werden in ihm, der mit dir lebt und herrscht in alle Ewigkeit.

Meditation

zieh fort
aus deinem
land ägypten
der ängste
und ungestillten sehnsüchte
der zunichtegemachten
hoffnungen
der verlorengegangenen
beziehungen

zieh fort
aus deinem
land ägypten
in das land
das ich dir
zeigen will

dein traum
der freiheit
sei dir nahrung
und wegzehrung
auf diesem weg
dort werden dir
keine vollen fleischtöpfe
vorgesetzt werden
aber es gibt genügend
goldene kälber
die dich
narren werden

der weg
wird beschwerlich sein
kraftlos
wirst du
der wüstenwanderung
ausgeliefert sein

aber dann
plötzlich
wenn du es
kaum zu glauben
vermagst
wird sich die oase
vor dir auftun
und dein ziel
wird sein
so lebensspendend
und notwendend
wie die
wasserquellen
des sinai

Lieder aus dem „Gotteslob“

„Großer Gott, wir loben dich“ (Nr. 257, Strophen 7 und 9)
„Lobe den Herren“ (Nr. 258)
„Mein ganzes Herz erhebet dich“ (Nr. 264)
„Nun saget Dank und lobt den Herren“ (Nr. 269)
„Singet dem Herrn ein neues Lied“ (Nr. 273)
„Dich will ich rühmen, Herr und Gott“ (Nr. 274)
„König ist der Herr“ (Nr. 275)
„Gott wohnt in einem Lichte“ (Nr. 290)
„Wer unterm Schutz des Höchsten steht“ (Nr. 291)
„Erhör, o Gott, mein Flehen“ (Nr. 302)

„Selbst in einer Pfütze kann Gottes Licht sich brechen“

Die Sünderin Maria

Einführende Gedanken

„Also, die ist wirklich nicht mein Typ!“ – „Das ist ein Typ, den kannst du doch vergessen; mit dem kannst du wirklich nichts anfangen!“
Solche Typen kenne ich, kennen Sie, kennen wir alle.
Öfters bezeichnet man/frau auch das Verhalten eines Priesters gegenüber Frauen: „Typisch!“ Wenn Sie als Frauen einen Mann beobachten, sagen oder denken Sie manchmal: „Typisch Mann!“ Wenn mir eine Frau mit Tempo 40 in der Stadt vorausfährt, denke ich nicht selten: „Na klar, typisch Frau im Straßenverkehr!“
Solche Typisierungen, die wir tagtäglich begehen, sind der Versuch, einander in eine gewisse Schublade zu stecken. Darin sind wir wahre Künstler und Künstlerinnen!
Von Gott her gesehen aber ist jede und jeder für eine Schublade zu sperrig. Jede und jeder von uns hat eine Größe, eine Würde, die wir nicht durch ein „Schubladendenken“ einengen sollen. Das Wort der Vergebung, das wir einander sagen und das wir uns von Gott zusprechen lassen, vermag uns zu helfen, die eigene Würde zu erkennen und zu ihr – wie auch zur Würde anderer – zu stehen.

Kyrie

„Sag ja zu mir, wenn alles nein sagt“
(Gotteslob, Nr. 165, Strophen 1 – 3)

Oration (Meßbuch, S. 317, Nr. 33)

Gott. Du kennst uns besser, als wir uns selber kennen. Du weißt, wie sehr wir der Änderung und Umkehr bedürfen. Aber du trittst nicht mit Gewalt an uns heran oder mit List. Du kommst zu uns mit deinem Wort – deinem offenen und guten, deinem fordernden und heilenden Wort. Gib, daß wir dir heute nicht ausweichen, daß wir uns öffnen und dein Wort annehmen: Jesus Christus, deinen Sohn, unseren Herrn und Gott, der in der Einheit des Heiligen Geistes mit dir lebt und herrscht in alle Ewigkeit.

Evangelium (Lk 7,36–50)

In jener Zeit ging Jesus in das Haus eines Pharisäers, der ihn zum Essen eingeladen hatte, und legte sich zu Tisch. Als nun eine Sünderin, die in der Stadt lebte, erfuhr, daß er im Haus des Pharisäers bei Tisch war, kam sie mit einem Alabastergefäß voll wohlriechendem Öl und trat von hinten an ihn heran. Dabei weinte sie, und ihre Tränen fielen auf seine Füße. Sie trocknete seine Füße mit ihrem Haar, küßte sie und salbte sie mit dem Öl. Als der Pharisäer, der ihn eingeladen hatte, das sah, dachte er: Wenn er wirklich ein Prophet wäre, müßte er wissen, was das für eine Frau ist, von der er sich berühren läßt; er wüßte, daß sie eine Sünderin ist. Da wandte sich Jesus an ihn und sagte: Simon, ich möchte dir etwas sagen. Er erwiderte: Sprich, Meister! Jesus sagte: Ein Geldverleiher hatte zwei Schuldner; der eine war ihm fünfhundert Denare schuldig, der andere fünfzig. Als sie ihre Schulden nicht bezahlen konnten, erließ er sie beiden. Wer von ihnen wird ihn nun mehr lieben? Simon antwortete: Ich nehme an, der, dem er mehr erlassen hat. Jesus sagte zu ihm: Du hast recht. Dann wandte er sich der Frau zu und sagte zu Simon: Siehst du diese Frau? Als ich in dein Haus kam, hast du mir kein Wasser zum Waschen der Füße gegeben; sie aber hat ihre Tränen über meinen Füßen vergossen und sie mit ihrem Haar abgetrocknet. Du hast mir zur Begrüßung keinen Kuß gegeben; sie aber hat mir, seit ich hier bin, unaufhörlich die Füße geküßt. Du hast mir nicht das Haar mit Öl gesalbt; sie aber hat mir mit ihrem wohlriechenden Öl die Füße gesalbt. Deshalb sage ich dir: Ihr sind ihre vielen Sünden vergeben, weil sie mir so viel Liebe gezeigt hat. Wem aber nur wenig vergeben wird, der zeigt auch nur wenig Liebe. Dann sagte er zu ihr: Deine Sünden sind dir vergeben. Da dachten die anderen Gäste: Wer ist das, daß er sogar Sünden vergibt? Er aber sagte zu der Frau: Dein Glaube hat dir geholfen. Geh in Frieden!

Ansprache

Gute Fotografen sehen oft mehr als andere Menschen. Sie wollen deshalb auch nicht nur den Gegenstand oder die Person im Bild festhalten, sondern zugleich Stimmungen, Hintergründiges sichtbar werden lassen. Deshalb nehmen sie Dinge wahr und auf, an denen viele andere achtlos vorübergehen. Sieht man solche Fotos, dann gehen einem die Augen auf über das, was man vorher übersehen hat.
Ich fand einmal ein solch eindrucksvolles Foto von einer Pfütze. Seitdem schaue ich so manche Pfütze bei Regenwetter im Garten oder auf der Straße mit anderen Augen an. Nie wäre ich so schnell auf den Gedanken gekommen, einmal eine Pfütze zu fotografieren. Was ist schon an einer Pfütze: Man sieht auf den ersten Blick nur graues, schmutziges Wasser; nicht sonderlich reizvoll. Der Fotograf der Pfütze hatte ganz offensichtlich mehr gesehen. Er hatte gesehen, daß diese Pfütze nicht nur grau war, nicht nur schlammig und schmutzig, sondern er hatte gesehen, daß sich in dieser Pfütze, die er fotografierte, der Himmel spiegelte, die Wolken sich abbildeten und daß die einfallende Sonne großartige Lichtbrechungen auf das Wasser zauberte, so daß viele kleine Steinchen in der Pfütze aufblitzten.
Manchmal kann eben, wie in diesem Fall, durch einen guten Fotografen der Blick für das neu zu Entdeckende geöffnet oder geschärft werden. Die Natur bietet, trotz der Gewalt, die wir ihr antun, viele oberflächlich gesehen unscheinbare Dinge, an denen wir Faszinierendes entdecken können.
Man könnte viele Beispiele anführen, wie Menschen andere Menschen ohne näheres Zusehen mit abwertenden Etiketten bekleben, sie vielleicht noch verspotten und sich vom Leibe halten und dabei sich selbst ihnen moralisch überlegen fühlen. Der eige-

ne Blick beschränkt sich auf das, was am anderen gleichsam als Schmutz und Dreck gesehen wird.
Das, was wir im heutigen Evangelium über Jesus lesen, zeigt uns, daß Jesus einen anderen Blick für Menschen besitzt, einen Blick, der an einem Menschen mehr entdeckt als das, was andere oberflächlich an ihm zu erkennen glauben.
Schauen wir genauer zu: Da kommt eine Frau, die in den Augen der versammelten pharisäischen Tischgesellschaft eine Sünderin ist, mit der man keinen Umgang haben will. Wir können uns das vielleicht so vorstellen: die Frau eines nach jüdischem Gesetz unreinen Schweinehirten; eine lästige stadtbekannte Bettlerin, die in den Augen der besseren Leute selbst an ihrem Unglück schuld sein mußte. Wie auch immer: der Evangelist läßt das offen. Es kommt ihm nur darauf an, daß diese Frau in den Augen des Simon und der anderen versammelten Leute eine „Sünderin" war, also eine Frau, mit der man sich nicht abgibt und von der man sich schon gar nicht berühren läßt, weder körperlich noch menschlich, die man verachten und beiseite stoßen darf und muß, um nicht im Kreis der „anständigen" Leute in ein schiefes Licht zu geraten.
Und diese von allen gemiedene Frau tritt – wie das Evangelium berichtet – von hinten an Jesus heran. Sie weint so sehr, daß ihre Tränen auf seine Füße fallen. Dann trocknet sie seine Füße mit ihrem Haar, küßt sie und salbt sie mit Öl: alles Zeichen tiefer Verehrung und auch Dankbarkeit. Sie sagt nichts dabei; aber was sie tut, „spricht Bände". Der Pharisäer versteht dieses scheinbar unmögliche Verhalten nicht. Er sieht in dieser Frau nur das, was alle anderen in ihr auch sehen: gleichsam eben die Pfütze, nur das schmutzige, graue Wasser, die Trübungen oder, wie das Evangelium sagt: die „Sünde". Und Jesus, der sich auf diese Frau einläßt, sie nicht abweist, verliert gerade deswegen an Ansehen bei dem gelehrten Pharisäer. Als er sieht, was diese Frau tut, denkt er: „Wenn er wirklich ein Prophet wäre, müßte er wissen, was das für eine Frau ist, von der er sich berühren läßt; er wüßte, daß sie eine Sünderin ist."
Aber Jesus sieht mehr als gleichsam den Schmutz, die Trübungen der Pfütze, die Sünde. Er sieht, daß dieses nach außen vielleicht ungeschickt, sonderbar, übertrieben anmutende Zeichen der Frau, das sie an ihm tut, ein Zeichen wirklicher Einsicht, Erkenntnis

über das ist, was gleichsam an Schmutz an ihr ist, aber auch das, was andere an Schmutz auf sie werfen; er sieht, daß hier ein Mensch ist, der weiß, daß er gleichsam wie eine Pfütze vor Gott steht. Jesus sieht, daß sich in dem, was die Frau tut, gleichsam ein Stück Himmel widerspiegelt, ein Stück Sonne, Licht dort, wo die anderen nur Schmutz vermuten, wo die anderen einen großen Bogen machen, wie um eine große Pfütze, um sich nicht zu beschmutzen.

Das Faszinierende ist: Jesus öffnet dem Pharisäer und uns allen den Blick für wenigstens zwei Entdeckungen: Die eine besteht darin, daß der Schmutz, die Trübungen, die ich an anderen oft genug sehe, auch an mir selbst zu finden sind. Jesus weitet damit erneut den Blick darauf: Du stehst selber mit deinen Fehlern und Schwächen vor Gott. Auch du bist gleichsam Pfütze. Wer den eigenen Schmutz übersieht, der liebt zu wenig. Den Blick zu schärfen für das, was ich an mir an eigenen Fehlern und Schwächen, an Sünde finde, soll mich aufrütteln, um – wie jene Frau – wirkliche Zeichen der Liebe zu setzen.

Eine zweite Entdeckung, für die Jesus den Blick schärfen möchte: im anderen nicht nur das Vordergründige zu sehen, das Klischee bzw. – um im Bild zu bleiben – die Pfütze, sondern zu sehen, daß sich gleichsam in jeder Pfütze Licht widerspiegelt, daß auch da Licht sein kann, wo viele nur Schmutz vermuten. Das ist der Auftrag an uns: den Blick für das Stück Himmel zu schärfen, das sich gleichsam in der Pfütze gerade desjenigen widerspiegeln kann, der mir Schmerz zugefügt hat, der mir Böses getan hat, der mich genervt hat, aber auch derer, über die ich mich moralisch erhaben fühle, derer, die ich mit meinen Etiketten beklebt habe, darum geht es Jesus. Vielleicht gelingt diese Schärfung des Blickes manchmal leichter, indem ich für diesen anderen bete. Ich habe einmal gelesen: „Gebet ist erst dann richtig, wenn es auf der ersten Silbe betont wird." Auf der ersten Silbe betont, heißt Gebet: *Ge*bet! Jedes Gebet ist ein *Ge*ben. *Ge*bet, dann ist das schon ein Ge*bet*. Das Geben, das am schwersten fällt, ist das Vergeben. Und doch sind alle auf dieses *Ge*bet und Ge*bet* angewiesen. Andere warten auf kein Geben mehr als auf das *Ver*geben. Da, wo einer dem anderen vergibt, da spiegelt sich gleichsam Licht in der Pfütze, sowohl bei dem, der vergibt, als auch bei dem, dem vergeben wird.

Adrienne von Speyr hat einmal das schöne Wort geprägt: „Heiligkeit wäre, einer Wasserpfütze zu gleichen, die als Ganze eine goldene Wolke widerspiegelt; man sieht weder den Schlamm noch das Wasser in ihr, sondern einzig das Licht, dem sie dient, und ohne sie würde man nicht einmal die goldene Wolke sehen."
Da, wo das Maß der Vergebung die maß-lose Vergebung ist, da spiegelt sich auch in einer Pfütze die goldene Wolke wider. Indem wir „das Himmlische" im anderen erkennen, auch wenn uns manches an ihm „stinkt", helfen wir einander, zu erspüren, daß wir alle – auf je eigene Weise – „starke Typen" sind.

Fürbittendes Gebet

P: Herr Jesus Christus, du hältst unser Leben in deiner Hand. Du bist bei uns mit deiner Liebe. Du erhältst uns mit deinem Segen. Wir bitten:

L: Für die Völker der Erde: laß ihnen Wege zu Frieden und Gerechtigkeit aufleuchten, und gib uns allen die Bereitschaft, deinen Frieden und deine Gerechtigkeit mit unserem Leben widerzuspiegeln.
A: Christus, höre uns.

L: Für die Hungernden und Notleidenden in der Welt: daß wir den Mut finden, den Ertrag unserer Arbeit mit ihnen zu teilen, und so ein Zeichen der Hoffnung geben.
A: Christus, höre uns.

L: Für alle Arbeitslosen in unserem Land: daß sie Menschen finden, die ihnen beistehen und Wege öffnen, die sie ihr Leben als hoffnungsvoll erfahren lassen.
A: Christus, höre uns.

L: Für uns selbst: daß wir für alles scheinbar Selbstverständliche danken lernen, das uns im Gespräch, in der Hilfe und in der Erfahrung des Verständnisses untereinander vom Nächsten geschenkt wird.
A: Christus, höre uns.

L: Für unsere Verstorbenen, die auf deine Verheißungen vertraut haben: daß sie den Reichtum deiner Herrlichkeit erfahren.
A: Christus, höre uns.

P: Herr Jesus Christus, du lädst auch uns ein mit deinen Worten: „Kommt und seht!" Laß uns bei dir Wohnung finden mit all unseren Fragen und Nöten, und laß in uns die Gewißheit wachsen, daß du selbst die Antwort auf all unsere Fragen bist, du, der du lebst in Gemeinschaft mit dem Vater und dem Heiligen Geist.
A: Amen.

Gabengebet (Meßbuch, S. 350, Nr. 7)

Vater im Himmel, in deinem Sohn ist der Welt das Licht aufgeleuchtet, das unserem irdischen Leben den Weg weist. Laß uns in der Feier seines Opfers das göttliche Leben empfangen, damit wir selbst Licht werden für die Welt. Darum bitten wir durch ihn, Christus, unseren Herrn.

Schlußgebet (Meßbuch, S. 525, Nr. 1)

Herr, unser Gott, was kein Auge gesehen und kein Ohr vernommen, was keines Menschen Sinn erfahren hat, das hast du denen bereitet, die dich lieben. Die heilige Speise, die wir empfangen haben, mehre in uns die Kraft des Herzens. Gib uns, Herr, die wahre Weisheit: Mach uns demütig vor dir und brüderlich[*] unter den Menschen. Darum bitten wir durch Christus, unseren Herrn.

[*] Anstelle des Wortes „brüderlich" ist eventuell „geschwisterlich" zu verwenden.

Meditation

dein lachen
das die welt erhellt
deine sehnsucht
die noch träumen kann
deine hoffnung
die nicht sterben will

sie allein –
nicht die zusammengebissenen zähne –
werden die neue erde bauen

Lieder aus dem „Gotteslob"

„Der Geist des Herrn erfüllt das All" (Nr. 249)
„Komm, o Tröster, Heilger Geist" (Nr. 250)
„Mein ganzes Herz erhebet dich" (Nr. 264, Strophen 1 und 2)
„Preiset den Herrn" (Nr. 280)
„Herr, deine Güt ist unbegrenzt" (Nr. 289;
besonders Strophe 2: „... der Trübsal Wasser machst du hell")
„Herr, dir ist nichts verborgen" (Nr. 292)

Quellenverzeichnis

Die Texte zur Meditation sind entnommen aus: Maria-Regina Bottermann-Broj, Ich trage meine Wurzeln in dir. Gedankensplitter – Maria-Regina Bottermann-Broj, Ich möchte vom Leben singen. Gedankensplitter, beide: Verlag Butzon & Bercker, Kevelaer 1992 und 1994.

Die Ständige Kommission für die Herausgabe der gemeinsamen liturgischen Bücher im deutschen Sprachgebiet erteilte für die aus diesen Büchern entnommenen Texte die Abdruckerlaubnis. Die darin enthaltenen biblischen Texte sind Bestandteil der von den Bischofskonferenzen des deutschen Sprachgebietes approbierten Einheitsübersetzung der Heiligen Schrift.

Umschlagbild: Rembrandt Harmensz van Rijn (1606 – 1669), Die Heimkehr des verlorenen Sohnes, 1668/69, Eremitage Leningrad.
Seite 14 : Auguste Rodin, La Cathédrale, 1908.
Seite 89: Gottesgebärerin, Email von Egino Weinert, Köln 1977, Beuroner Kunstverlag, Beuron.